비주얼 씽킹 창의 언어놀이

비주얼 씽킹 창의 언어놀이 선생님·학교 편

저자 김지영
초판 1쇄 인쇄 2020년 10월 13일   **초판 1쇄 발행** 2020년 10월 27일

발행인 박효상   **편집장** 김현   **편집** 김준하, 김설아   **디자인** 이연진
기획·편집 진행 권민서   **일러스트** 조예희
마케팅 이태호, 이전희   **관리** 김태옥   **종이** 월드페이퍼   **인쇄·제본** 현문자현

출판등록 제10-1835호   **발행처** 사람in
주소 04034 서울시 마포구 양화로 11길 14-10 (서교동) 3F
전화 02) 338-3555(代)   **팩스** 02) 338-3545   **E-mail** saramin@netsgo.com
Website www.saramin.com
책값은 뒤표지에 있습니다. 파본은 바꾸어 드립니다.

ⓒ 김지영, 2020

ISBN
978-89-6049-857-0 64710
978-89-6049-847-1 (세트)

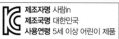

어린이제품안전특별법에 의한 제품표시	
제조자명 사람in	**전화번호** 02-338-3555
제조국명 대한민국	**주 소** 서울시 마포구 양화로
사용연령 5세 이상 어린이 제품	11길 14-10 3층

초등 국어 학습 개념 총망라

비주얼 씽킹 창의 연어놀이

선생님·학교 편

⭐ 어휘력, 표현력, 창의력이 쑥쑥!
⭐ 놀면서 배우고, 배우면서 놀자!
⭐ 그림놀이와 언어놀이의 결합!

김지영 지음

사람in
saram in com

머리말

믿음직한 우리의 언어대장들에게

친구들, 안녕하세요?
오늘도 재미있게 뛰어놀았나요?
선생님이 방금 굉장한 소문을 들었어요.
우리 친구가 언어대장이 되어 마녀가 사는 성으로 떠난다고요. 정말?
우와, 생각만 해도 벌써 가슴이 콩닥콩닥해요! 그렇다면 먼저 준비를 잘해야겠지요?
연필과 지우개, 색연필 그리고 더 필요한 것은 꽁꽁마녀를 이길 수 있는 언어 실력!
으악! 마녀와의 게임이 너무 어려울 것 같다고요? 틀리면 어떻게 하냐고요?
걱정하지 마세요.
우리 친구들이 꼭 성공해서 돌아올 수 있도록 지금부터 선생님이 몇 가지 방법을 알려 줄게요.

첫째, 단어나 문장을 쓰는 게임은 최대한 많이, 잔뜩, 종이에 꽉 차도록 가득 써 보세요.
둘째, 그림으로 표현하는 게임은 떠오르는 생각을 마음껏 자유롭게 그려 보세요.
셋째, 생각이 멈추면 옆에 있는 책을 펴 보세요. 어떤 책이라도 여러분에게 아이디어를 줄 거예요.
마지막으로 이건 비밀인데…, 틀려도 괜찮아요. 이제부터 하나씩 배워 가면 되니까요.

가장 중요한 것은 매일매일 이 책을 펴고 하나씩 미션을 성공하는 것과 내가 좋아하는 동화책을 즐겁게 읽는 거예요. 아마도 우리 친구들이 이 책을 끝마칠 때면 교실에서는 손을 번쩍 들어 발표도 잘하고, 아리송했던 책들도 훨씬 더 쉽게 읽힐 거예요.
왜냐고요? 우리 친구들의 언어 실력이 쑤-욱 커져 있을 테니까요.

자, 그러면 꽁꽁마녀가 사는 수리수리성으로 함께 떠나 볼까요?

꽁냥이만큼 사랑스러운 고양이와 살고 있는
김지영 선생님이

목차

선생님을 구하라!

학교를 구하라!

이렇게 활용하세요

이 책의 주인공은 나야, 나!

신나는 모험 속 주인공은 다름 아닌 독자
여러분입니다. 흥미진진한 미션을 풀어 가는
동안 어휘력과 창의력이 자라날 거예요.

하루에 한 장씩 혼자서도 신나요!

매일 한 가지씩 펼쳐지는 기상천외하고
엉뚱한 미션을 풀어 보세요. 꽁꽁마녀와
대결을 펼치며 공부가 아닌 놀이로
혼자서도 재미있게 풀 수 있어요.

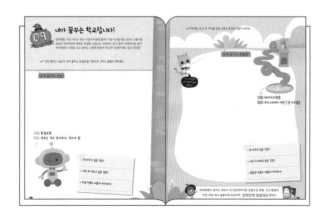

언어 표현력과 논술 실력이 쑥쑥 자라요!

다양한 말놀이와 글쓰기를 하다 보면 나도
모르는 새 어휘력이 커지고 스스럼없이 자신의
생각과 감정을 언어로 표현할 수 있게 돼요.
이것은 논술 실력이 향상하는 기초가 되지요.

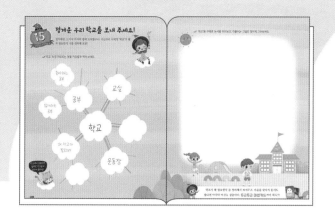

창의력과 시각적 표현력이 자라나요!

다양한 그리기 활동이 있어서, 자신의 생각을
그림으로 표현하는 것이 즐거워져요. 깊은 사고를
바탕으로 한 창의적 발상과 감각적 표현이
한 번에 이루어지지요. '비주얼 씽킹'을 강조하는
요즘 효과적인 이미지 전달을 연습할 수 있어요.

초등 교과 연계로, 학교 공부도 척척!

이 책의 내용은 '2015 개정 교육과정'의 초등 1~2학년 교과와 연계되어 있어요.
사고의 폭이 커지고 어휘력이 폭발하는 시기에 있는 초등 1, 2학년 친구들이
학교 공부를 하는 데 실질적인 도움이 될 거예요.

2015 개정 교육과정 연계

2015 개정 교육과정 국어과에서 지향하는 비판적 · 창의적 사고 역량, 자료 · 정보 활용 역량, 의사소통 역량,
공동체 · 대인 관계 역량, 문화 향유 역량, 자기 성찰 · 계발 역량 등을 기를 수 있도록 구성했습니다.

1학년 1 학기	1학년 2 학기	2학년 1 학기	2학년 2 학기
바른 자세로 읽고 쓰기, 재미 있게 ㄱㄴㄷ, 다 함께 아야어 여, 글자를 만들어요, 다정하 게 인사해요, 받침이 있는 글 자, 생각을 나타내요, 소리 내 어 또박또박 읽어요, 그림일 기를 써요	소중한 책을 소개해요, 소리 와 모양을 흉내 내요, 문장으 로 표현해요, 바른 자세로 말 해요, 알맞은 목소리로 읽어 요, 고운 말을 해요, 무엇이 중요할까요, 띄어 읽어요, 겪 은 일을 글로 써요, 인물의 말과 행동을 상상해요	시를 즐겨요, 자신 있게 말해 요, 마음을 나누어요, 말놀이 를 해요, 낱말을 바르고 정확 하게 써요, 차례대로 말해요, 친구에게 알려요, 마음을 짐 작해요, 생각을 생생하게 나 타내요, 다른 사람을 생각해 요, 상상의 날개를 펴요	장면을 떠올리며, 인상 깊었 던 일을 써요, 말의 재미를 찾아서, 인물의 마음을 짐작 해요, 간직하고 싶은 노래, 자 세하게 소개해요, 일이 일어 난 차례를 살펴요, 바르게 말 해요, 주요 내용을 찾아요, 칭 찬하는 말을 주고받아요, 실 감 나게 표현해요

부모님과 선생님께 유용한 지도팁! 활동이 갖는 의미와 효과적인 안내글을 부록으로 실어, 지도에 도움을 드립니다.

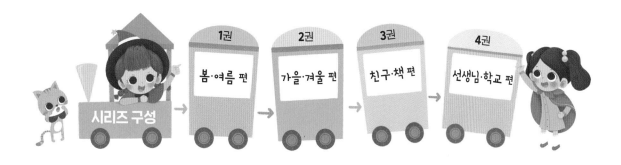

여태까지 무슨 일이 있었던 거야?

도대체 무슨 일이야?

마녀 마을의 수리수리성 🏰 에 살고 있는 꽁꽁마녀 🧙 가 '학교'에 대해 알고

싶었대. 그래서 학교에 있던 친구들과 책, 선생님과 학교 건물까지 꽁꽁 묶어

수리수리성에 가뒀지 뭐야. 다시 친구들과 학교를 데려오려면 꽁꽁마녀가 내는

게임에 성공해서 '열려라 참깨' 🔑 열쇠를 얻어야만 해. 그러면 그 열쇠로 방에

갇힌 친구들과 책, 선생님, 학교를 하나씩 보내주기로 한 거야.

누가 꽁꽁마녀와 대결을 하지?

모두 모여 회의한 끝에 '언어대장'이 뽑혔어. 바로 이 책을 보고 있는 어린이!

언어대장은 꽁꽁마녀가 내는 게임에 열심히 도전하고 있지. 그 결과 지금까지

친구들과 책을 인간 세상으로 돌려보냈어. 와우!

 그럼 이제 어떻게 하면 되지?

지금까지와 마찬가지로 게임에 성공해서 15개의 방을 거치면
선생님과 학교를 구할 수 있어.

 **게임 할 때 주의할 점은 뭐야?**

음, 그건 꽁꽁마녀가 아주 말놀이를 잘한다는 거야.
그래서 언어대장도 머리를 쓰면서 열심히 해야만 해.
만약 대충 했다가는 꽁꽁마녀가 알고, 아마 언어대장을 바로
돌려보낼 거야. 으으으, 그건 상상할 수도 없이 끔찍한 일이야!

쉽지
않을걸!

 재미있는 일도 있어?

꽁꽁마녀에게는 꽁냥이라는 고양이가 있어. 지금 꽁냥이가 놀이터에서 한글을
부지런히 배우고 있거든. 그래서 언어대장이 꽁냥이와 놀아주면서 한글 공부도
좀 봐 줘야 해. 하지만 그로 인해 언어대장의 실력도 쑥쑥 늘 거야!

내가 바로
꽁냥이다냥!
대결이다냥!

선생님을
구하라!

01

새콤달콤 맛있는 방

식탁에 예쁜 꽃을 꽂아요!

언어대장, 여기까지 오느라 수고 많았어! 먼저 맛있는 음식을 먹으면서 기운을 내 보자. 이곳 3층에는 선생님도 계시니 선생님을 위한 음식을 준비하고 초대하자!

✔ 선생님께서 좋아하실 만한 음식으로 식탁을 차리고,
음식 이름을 써 보세요. 따뜻한 차와 과일,
꽃병에 예쁜 꽃을 꽂는 것도 잊지 마세요.

싱싱한 참치
한 마리를 올려놓으면
좋아하실 거다냥!

선생님이 좋아하시는
달콤한 마카롱

🦇 선생님께 보낼 초대장을 만들어 보세요. 꼭 오고 싶은 마음이 들도록 정성스럽게 초대의 글도 쓰고, 예쁜 그림도 그려 봅시다.

🌸 장소: ....

🌸 시간: ....

🌸 초대의 글

....

....

....

🌸 어떤 음식을 제일 좋아하실까?

....

🌸 그렇게 생각한 이유는?

....

첫 번째 방부터 선생님을 초대하느라 힘들었지? 하지만 선생님께서
초대장을 보시더니 얼굴에 미소가 가득하셨어. 와우! 첫 번째 미션 성공이야.
새콤달콤 마법카드 획득!!!

태극기 꽂고 힘차게 칙칙폭폭!

언어대장, 기차들이 보이지? 여기서는 '끝 글자 잇기'로 나와 시합을 해 보자! 만약 '글자'로 시작했다면 모든 낱말은 '자'로 끝나야 해. '글자 ➡ 사자 ➡ 주전자 ➡ 그림자 ➡ 여자 ➡ 의자 …' 이렇게 말이야.

🦇 기차의 몸통에는 '기'로 끝나는 낱말을 적고, 위쪽은 그림으로 표현해서 끝 글자 잇기를 해 보세요.

나도 '기'로 도전!
불고기 ➡ 돼지고기 ➡
오리고기 ➡ 닭고기 ➡
맛있는 고기!

'태극기'로 끝 글자 잇기를 했으니 기차 앞쪽에 태극기도 꽂고 힘차게
달렸겠지? 모든 기차가 끊어지지 않고 잘 연결되었다면 성공이야.
칙칙폭폭 마법카드 획득!!!

바늘을 마술병에 쏙!

꽁냥이가 마술 놀이터에서 놀다가 그만 마술병 뚜껑이 열려서 모두 섞여 버렸지 뭐야?
병에 쓰여 있는 이름대로 마술 약들을 넣어 줘야만 해. 마술 약을 화살표로 병 입구까지
그려 주면 저절로 들어간대.

규칙 '자석에 붙는 것', '자석에 붙지 않는 것'에 해당하는 5개의 마술 약을 각각 넣어 줄 것.

주의사항 만약 마술 약을 3개 이상 잘못 넣으면 병이 깨진다. 으악!

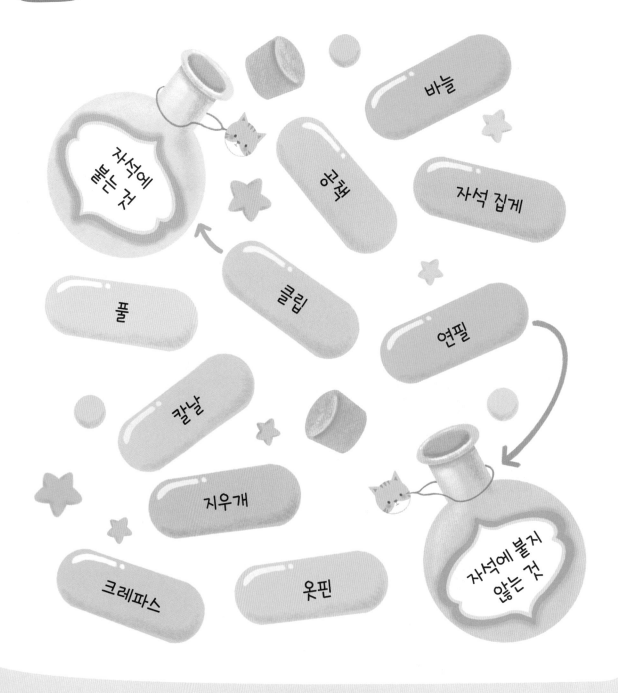

비슷한 말을 찾아라!

꽁냥이가 뒤죽박죽 마법 책을 보고 있네. 아래 낱말과 비슷한 말을 뒤죽박죽 마법 책에서 찾아 써 보자!

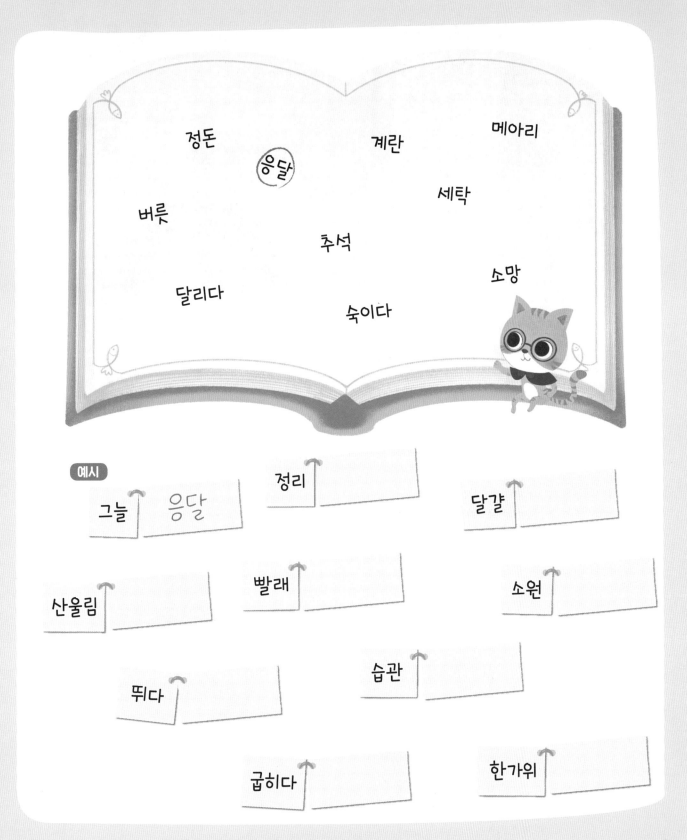

정돈 응달 계란 메아리

세탁

버릇

추석

소망

달리다 숙이다

예시

그늘 응달

정리

달걀

산울림

빨래

소원

뛰다

습관

굽히다

한가위

우리 선생님을 소개합니다!

언어대장의 선생님은 어떤 분이셔? 머리가 긴 분일까, 아니면 아주 짧은 분일까? 또 언어대장은 선생님을 기쁘게 하는 학생일까, 아니면 속상하게 하는 학생일까? 궁금한 게 너무 많아.

🦇 선생님을 속상하게 하는 일과 기쁘게 하는 것을 세 가지씩 적고, 그럴 때 우리 선생님은 어떤 표정일까 그려 보세요.

선생님을 기쁘게 하는 일과 이때 선생님의 표정은?

선생님을 속상하게 하는 일과 선생님의 표정은?

선생님의 모습을 근사하게 꾸미고, 선생님께 듣고 싶은 말 3가지만 써 보세요.

빨간 리본을
달아드리면
어떨까냥?

★ 선생님께 듣고 싶은 말을 3가지만 써 보자!

언어대장이 꾸며 드린 모습을 선생님께서도 마음에 들어하셨을 거야.
우리 언어대장, 이번 미션도 기분 좋게 성공이야. **아롱다롱 마법카드** 획득!!!

무엇이 무엇이 똑같을까?

언어대장, 이 노래 알아? "무엇이 무엇이 똑같을까? 젓가락 두 짝이 똑같아요. 무엇이 무엇이 똑같을까? 윷가락 네 짝이 똑같아요." 오늘은 상대방과 내가 무엇이 똑같고, 무엇이 다른지 찾아서 노래해 보자!

🦇 아래 대상을 보고 나와 무엇이 똑같고 다른지 세 가지씩 찾아보고, 그림도 그려 보세요.

꽁꽁마녀(나)와 꽁냥이

🌟 무엇이 무엇이 똑같을까?

초롱초롱 반짝이고 동그란 두 눈.

궁금한 건 절대 그냥 못 넘어가는 성격.

별이 많은 밤에 옥상에 앉아 있는 것을 좋아함.

🌟 무엇이 무엇이 다를까?

나는 책 읽는 걸 좋아하고, 꽁냥이는 낚시를 좋아함.

나는 과일을 좋아하고, 꽁냥이는 생선을 좋아함.

나는 일찍 자는데, 꽁냥이는 밤에 돌아다님.

언어대장과 우리 선생님

🌟 무엇이 무엇이 똑같을까?

🌟 무엇이 무엇이 다를까?

언어대장과 _____

무엇이 무엇이 똑같을까?

_____
_____
_____

무엇이 무엇이 다를까?

_____
_____
_____

와 _____

무엇이 무엇이 똑같을까?

_____
_____
_____

무엇이 무엇이 다를까?

_____
_____
_____

마녀님과 나는
서로 아껴주는 마음이
닮았다냥!

상대방과 나를 자세히 비교하며 살펴보면 새로운 점을 발견하게 되지?
이번 미션도 훌륭히 성공했어. **말랑말랑 마법카드** 획득!!!

25

올림픽 경기 이름 낚시

꽁냥이가 신나게 낚시를 하고 있네. 물방울에 있는 글자를 골라 주제에 해당하는 낱말이
되면 물고기에 쓰면 돼. 물고기는 모두 10마리야.

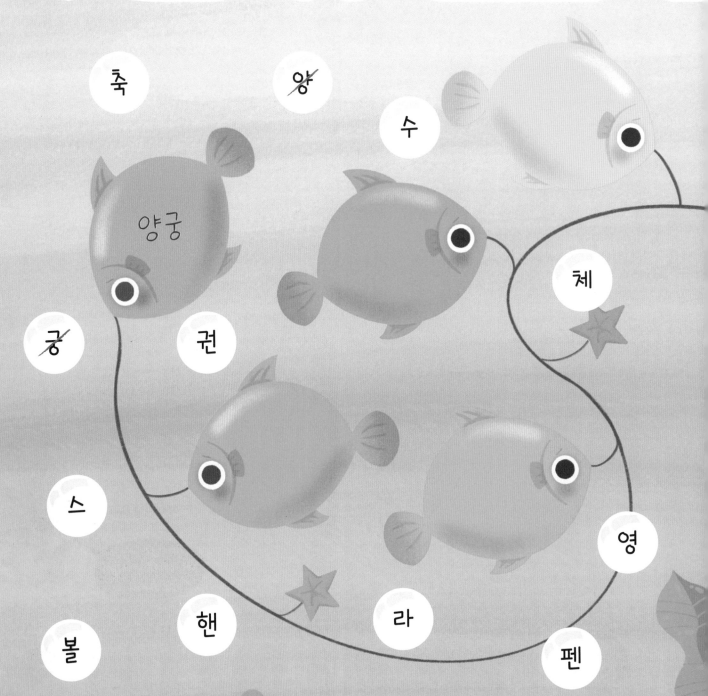

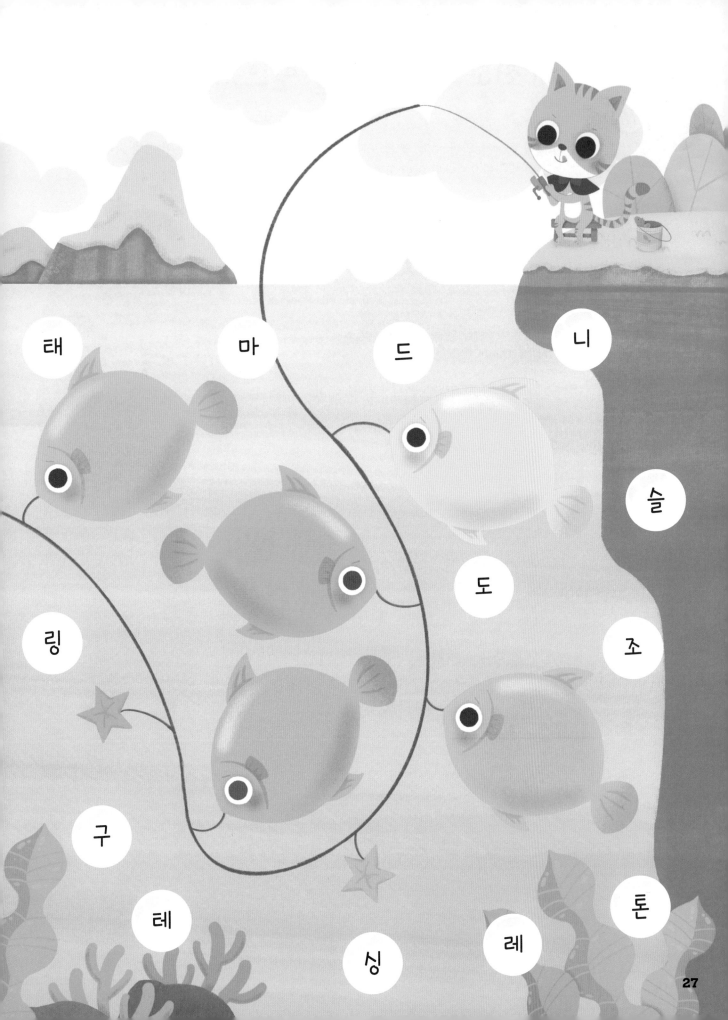

제 최고의 서비스를 받으세요!

언어대장, 오늘은 우리를 위해 늘 애쓰시는 선생님께 감사장과 이용권(심부름하기, 노래해 드리기, 안아 주기, 웃음 보따리 선물, 자유이용권 등)을 만들어 전해 드리자! 선생님께서 받으신다면 어떤 표정을 지으실까?

🦇 선생님께 어떤 점이 감사한지를 적고, 진심을 담아 감사장을 만들어 보세요.

감 사 장

🦇 기쁜 마음으로 선생님께 우리가 해드릴 수 있는 것을 이용권에 담아 보세요.

선생님께 필요한 내용으로 정성껏 만들었어? 그 모습이 기특해서
이번 미션도 성공이야. **토닥토닥 마법카드**도 획득!!!

29

까르르 웃으며 완성해 보자!

언어대장, 내가 발견한 그림들인데 모두 반쪽이 잘려져 나갔어. 나머지 반쪽에는 어떤 그림이 있었을지 궁금하다, 궁금해! 언어대장이 완성해 줘!

✔ 그림의 나머지 반쪽을 상상하여 그리고, 아래에는 완성된 그림의 제목도 지어 주세요.

그림 제목:

아이고, 깜짝이야! 괴물들이야? 어떻게 모두 반쪽이다냥?

30

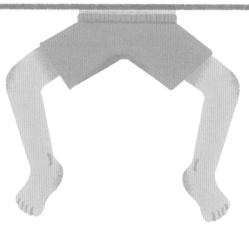

그림 제목:

완전한 그림으로 탄생한 걸 보니 웃음이 나네. 그림을 멋지게 완성한
언어대장에게 수고했다는 말과 함께 이번 미션도 기분 좋게 성공이야.
꼼질꼼질 마법카드 획득!!!

낱말 블록 쌓기

꽁냥이가 열심히 낱말 블록을 쌓고 있네. 뜻풀이가 적힌 쪽지와 낱말 블록을 같은 색으로 칠해 보자. 블록도 쌓고 낱말도 익히자.

규칙 쪽지와 낱말 블록의 색깔을 잘 맞출 것.

주의사항 만약 색깔이 틀린 게 3개 이상이면 쌓아 놓은 블록이 와르르 무너진다. **맙소사!**

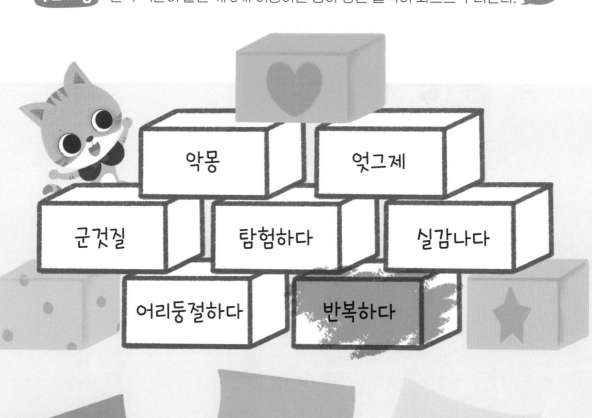

악몽

엊그제

군것질

탐험하다

실감나다

어리둥절하다

반복하다

같은 일을
되풀이하다.

바로 며칠 전.

끼니 외에 과자
따위의 군음식을
먹는 일.

무슨 일인지
잘 몰라서
얼떨떨하다.

실제로
경험하는 듯한
느낌이 들다.

위험을 무릅쓰고
어떤 곳을
찾아가서 살피고
조사하다.

불길하고
무서운 꿈.

맞춤법이 식은 죽 먹기

꽁냥이가 맞춤법은 이제 식은 죽 먹기라고 말했지만 아래 문장들을 보더니 고개를 갸우뚱거리네.
언어대장이 잘 보고, 맞는 낱말을 찾아 ○표 해 주자. 자신 있지? 물론 좀 틀려도 괜찮아.
지금 배우면 되니까!

❶ 나는 헷갈리는   해깔리는 낱말을 구분할 수 있다.

❷ 선생님께서 태극기의 탄생과 의미를 가리키셨다   가르쳐 주셨다 .

❸ 선생님께서 손가락으로 태극기를 가리키셨다   가르쳐 주셨다 .

❹ 시장 갈 때 지갑 가지고 나오는 것을 깜빡 잊어버렸다   잃어버렸다 .

❺ 시장에서 스케치북을 산 후 그만 지갑을 잊어버렸다   잃어버렸다 .

❻ 돼지는 코끼리보다 몸무게가 적다   작다 .

❼ 코끼리는 기린보다 키가 적다   작다 .

❽ 기린은 치타보다 느리다   늘리다   늘이다 .

❾ 달콤한 엿가락을 쭉쭉 느리다   늘리다   늘이다 .

❿ 엿을 먹고 양치 시간을 느리다   늘리다   늘이다 .

방긋방긋 웃어 주세요!

언어대장, 오늘은 나와 받침 있는 낱말 게임을 해 보자. 그런데 받침이 뭐냐고? 예를 들어 '방긋방긋'이란 말에서는 'ㅇ, ㅅ'이 받침이야.

🦇 각각의 스마일 모형에 받침 'ㅂ, ㅅ, ㅇ'과
   '받침이 없는 낱말'을 3개씩 적어 보세요.

입

🅱️ 받침 낱말

버섯

🔺 받침 낱말

병아리

받침 낱말

받침이 없는 낱말

소시지

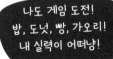

나도 게임 도전!
밥, 도넛, 빵, 가오리!
내 실력이 어떠냥!

스마일 모형마다 낱말 3개씩 적었어? 5개씩 적었다고? 오, 대단한데!
국어 실력이 날로 쑥쑥 커가는 것을 축하하며 이번 게임도 성공이야.
새록새록 마법카드 획득!!!

어서 빠져나가라!

언어대장, 마녀 마을은 정말 복잡해. 산도 있고 계곡도 있고,
게다가 위험한 동물도 정말 많아. 길을 잘 찾아 빠져나가야 해!

🦇 마녀 마을 미로를 탈출해 수리수리성에 도착해 보세요.

출발

도착

미로에서 빠져나오기는 언제나 흥미진진하고 재미있지?
보너스로 **쉬엄쉬엄 마법카드**도 획득!!!

가정용품 징검다리 건너기

꽁냥이는 물을 아주 싫어해. 그런데 물과 친해지고, 한글 공부도 하라며 꽁꽁마녀가 징검다리가 놓인 개울 놀이터를 만들었지 뭐야? 언어대장이 맞춤법에 맞는 돌 한 개에만 색칠해 줘. 그걸 따라서 꽁냥이가 개울을 잘 건널 수 있도록 말이야.

규칙

'가정용품 이름'이 바르게 쓰인 돌만 색칠해서 징검다리를 만들 것.

주의사항

틀린 글자를 밟으면 꽁냥이가 물에 빠지며 그로 인한 스트레스로 성격이 포악해질 수 있다. 안 돼!

장농

장롱

책꽂이

책꽂이

시계

시계

홋이불

홀이불

빗자루

빗자루

빨래찝개

빨래집게

배게

베개

쓰래기통

쓰레기통

치솔

칫솔

연필깍이

연필깎이

고구마가 열리는 장미라고요?

언어대장, 내가 예쁜 장미꽃을 보면서 배가 고팠는지 '저 장미꽃 뿌리에는 고구마가 열렸으면 좋겠다!'라고 생각했지 뭐야? 꽃은 곤충을 만나서 즐겁고, 고구마는 배고픈 땅속 동물들과 함께 나눠 먹고. 어때, 내 생각이?

🦇 신기한 식물을 만들어 이름도 지어 보고 땅속 세상도 그려 보세요.

이름: 장미구마
특징: 고구마가 열리는 장미

땅속 세상은
너무나 신기하고,
몹시 바쁜 것 같다냥!

언어대장이 만든 식물과 땅속 세상이 마음에 들어?
생각만이 아닌 꼭 현실로 이루어지길 바라며
이번 미션도 성공이야. **반짝반짝 마법카드** 획득!!!

외쳐, 큰 소리로 외쳐!

언어대장, 이 방에서는 '같은 말로 이어 말하기'를 해 보자! 앞쪽에 같은 말을 반복하면서 뒤쪽에는 자기 생각을 붙여 말하는 거야. '열다 열다 창문을 열다 ➡ 열다 열다 대문을 열다 ➡ 열다 열다 서랍을 열다 ➡ 열다 열다 가방을 열다 ➡ 열다 열다 파티를 열다' 이렇게 말이야.

🦇 같은 말로 이어 말하기를 4개씩 연결해 보세요.

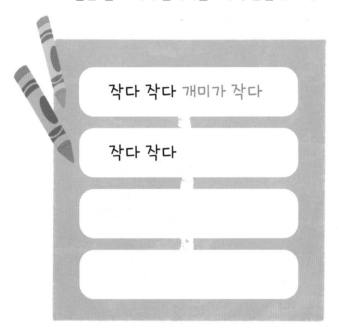

작다 작다 개미가 작다

작다 작다

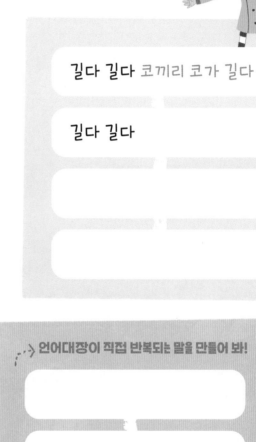

길다 길다 코끼리 코가 길다

길다 길다

웃다 웃다 엄마가 웃다

웃다 웃다

╌➤ 언어대장이 직접 반복되는 말을 만들어 봐!

상표 붙인 큰 깡통은 깐 깡통인가?

안 깐 깡통인가?

간장 공장 공장장은 강 공장장이고,

된장 공장 공장장은 공 공장장이다.

작은 토끼 토끼통 옆 큰 토끼 토끼통,

큰 토끼 토끼통 옆 작은 토끼 토끼통.

쉬울 것 같지만 생각보다 잘 안 된다고? 나도 마찬가지야.
하지만 자꾸 연습하면 발음도 정확해지지. 틀리지 않으려고 노력했다면
이번 미션 성공이야. **신통방통 마법카드** 획득!!!

세종대왕 십자말풀이

꽁냥이가 끙끙거리며 십자말풀이를 하고 있네. '십자말풀이'는 바둑판 같은 바탕에 가로와 세로에 있는 문제의 답을 쓰는 낱말 퀴즈야. 답을 다 쓰면 '세종대왕'을 외쳐야 해.

규칙 가로, 세로 각각 4개의 답을 모두 쓴 후 '세종대왕'을 외칠 것.

주의사항 만약 '세종대왕'을 외치지 못하면 1시간 동안 말을 할 수 없게 된다. 답답해!

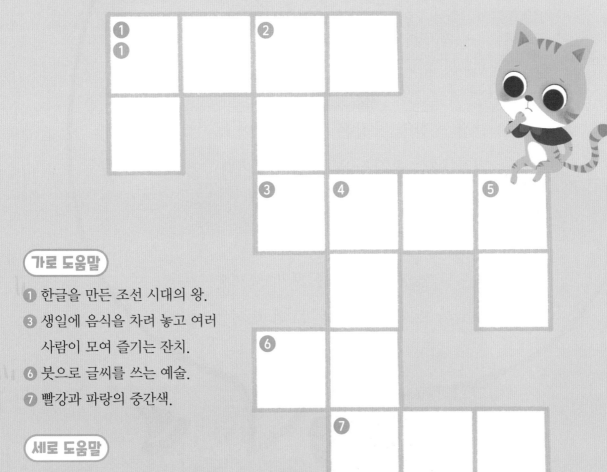

가로 도움말

① 한글을 만든 조선 시대의 왕.

③ 생일에 음식을 차려 놓고 여러
　　사람이 모여 즐기는 잔치.

⑥ 붓으로 글씨를 쓰는 예술.

⑦ 빨강과 파랑의 중간색.

세로 도움말

① 세 개의 선으로 둘러싸인 도형으로 삼각형과
　　비슷한 말.

② 대학교에 다니는 학생.

④ 일기(=날씨)의 변화를 예상하여 미리 알리는 일.

⑤ 이를 닦을 때 깨끗하게 해 주는 약.

가족 이름 퀴즈 나무

꽁냥이가 팔을 쭉쭉 뻗으며 감을 따려고 하네. 그런데 감 열매에 쓰여 있는 '가족을 부르는 이름' 설명을 보고 〈보기〉에서 알맞은 호칭을 골라, 그 색으로 칠해야만 맛있는 감을 딸 수 있어.

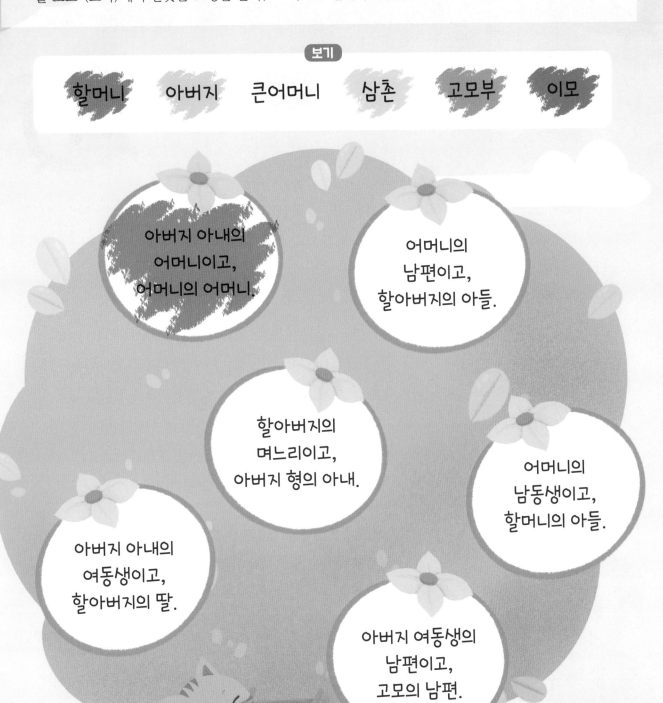

안중근에게 물어보자!

언어대장, "하루라도 책을 읽지 않으면 입안에 가시가 돋는다."라고 우리에게 책을 많이 읽으라고 강조한 사람이 있어. 누구일까? 바로 '안중근'이야. 얼마 전 그분의 이야기를 읽다가 눈물을 펑펑 흘렸지 뭐야.

🦇 언어대장이 안중근을 직접 만나 궁금한 걸 물어본다면 뭐라고 대답해 주셨을까 생각하고 써 보세요.

"탕! 탕! 탕!"

안중근이 쏜 세 발의 총을 맞고 우리나라 침략에 앞장섰던 일본 정치가 이토 히로부미가 쓰러졌어요. 안중근은 도망가지 않고, 오히려 큰 소리로 외쳤지요. "코레아 우라! 코레아 우라! 코레아 우라!" 러시아말로 '대한민국 만세!'라는 뜻이에요.

안중근이 살아 있을 당시 우리나라는 힘이 없어서 일본에 강제로 지배를 받고 있었어요. 그때 안중근은 나라를 되찾기 위해 어떤 일을 해야 할까 고민했지요. 그래서 일본군과 직접 맞서 싸울 수 있는 군대도 만들고 독립투사로 앞장서서 싸웠지만, 사실 안중근이 가장 중요하게 생각한 것은 따로 있었어요. 바로 나라의 희망인 아이들을 바르게 가르쳐야 미래가 있다고 생각한 거예요. 그래서 학교도 세우고 자신이 직접 아이들을 가르쳤어요. 세상이 어떻게 변하고 있는지, 또 어떻게 힘을 키울 수 있는지를요. 죽을 때 남기는 말인 유언에서도 국민 스스로 분발하여 학문에 힘쓰라고, 그러기 위해 부지런히 책을 많이 읽으라는 말을 남기셨어요.

🌸 안중근 선생님, 총을 쏜 후 도망가지 않고
"대한민국 만세!"라고 외칠 때 기분이 어땠나요?

_____

🌸 안중근 선생님, 책을 읽는 것이 왜 그렇게 중요하지요?

_____

🌸 안중근 선생님, 우리 어린이들에게 해 주고 싶은 말은 뭔가요?

얼른 책 읽자! 입안에
가시가 돋을까 봐 무서워서
그러는 거 절대 아니다냥!

46

여기서는 여러 가지 직업 중에 '선생님'이 된 내 모습을 상상해서 그려 보세요!

✿ 어떤 선생님이 되고 싶은가요?

✿ 선생님이 되기 위해서 지금부터 어떤 노력을 해야 할까요?

'선생님'이라는 남을 바르게 가르치는 직업도 아주 멋지지!
훌륭한 선생님도 될 수 있는 언어대장을 응원하면서 이번 방도 통과!
무럭무럭 마법카드 획득!!!

깜짝이야 동물원!

12
키득키득 상상하는 밤

언어대장, 여기는 '깜짝이야 동물원'이야. 왜 이름이 이럴까?
이 동물원에는 여태까지 알고 있던 모습의 동물들이 없어.
그래서 누구든지 여기 오면 깜짝 놀라기에 붙여진 이름이야.
오늘은 우리 깜짝 놀랄 만한 동물 소개를 해 보자!

깜짝이야!
동물원 ZOO

✔ 동물들의 특징을 생각해서 그림을 그리고,
   원래 모습과 달라져서 좋아진 점과 불편한 점을 써 보세요.

날씬하고 코가 높아진
하마

✤ 좋아진 점: ....

✤ 불편한 점: ....

부드러운 털을 가진
고슴도치

✤ 좋아진 점: ....

✤ 불편한 점: ....

강아지만큼 커진
개미

✸ 좋아진 점: _____

✸ 불편한 점: _____

물방울 무늬가 있는
얼룩말

✸ 좋아진 점: _____

✸ 불편한 점: _____

날개가 달린
천사 고양이로
바꿔 달라냥!

무지개색 물을 뿜는
오징어

✸ 좋아진 점: _____

✸ 불편한 점: _____

 특징을 잘 살려 소개했니? 이제 동물원에 손님이 더 많아지겠는 걸!
그래도 완성하고 나니 뿌듯하지? 이번 미션도 멋지게 성공이야.
키득키득 마법카드 획득!!!

행동의 중요성 속담 퍼즐

꽁냥이가 갸우뚱거리며 속담 퍼즐을 맞추고 있네.
속담의 뜻을 생각하며 퍼즐을 맞춰 연결한 후 바르게 써 보자.

예시 어릴 때 몸에 밴 버릇은 늘어서도 고치기 힘들다는 뜻.

나쁜 일도 자꾸 하면 버릇이 되어 나중에는 큰 잘못을 한다는 뜻.

무슨 일이든지 시작하기가 어렵지 시작하면 끝내기는 그리 어렵지 않다는 뜻.

어떤 일이든 하려고 생각했으면 당장 하라는 뜻.

잘 아는 일이라도 다시 한 번 확인하고 조심하라는 뜻.

아무리 쉬운 일이라도 소홀히 하지 말고 신중하라는 뜻.

일의 순서도 모르고 급하게 덤빈다는 뜻.

쇠뿔도

돌다리도

세 살 적 버릇이

우물에 가

아는 길도

바늘 도둑이

시작이

규칙 왼쪽, 오른쪽 퍼즐 모양을 잘 맞출 것.

주의사항 마지막 칸에 속담을 바르게 쓰지 않으면 퍼즐이 다시 흩어진다. **아이쿠!**

✤ **속담 바르게 써 보기** ✤

반이다	
물어 가랬다	
소도둑 된다	
단김에 빼라	
두들겨 보고 건너라	
여든까지 간다	세 살 적 버릇이 여든까지 간다
숭늉 찾는다	

51

우리 선생님 맞으세요?

언어대장, 좀 전에 도란도란 이야기를 나누려고 들어왔는데 피곤했던지 아주 잠이 푹 들었더라고. 그런데 꿈속에서 도대체 누굴 만난 거야? 뭐라고 계속 이야기를 하던걸?

🦇 꿈속에 나타난 선생님의 말씀에 내가 하고 싶은 말을 써 보세요.

학교 가지 마라. 힘들잖아!

_____

_____

_____

공부하지 마라. 어렵잖아!

_____

_____

_____

책 보지 마라. 눈 아프잖아!

_____

_____

_____

이 닦지 마라. 또 먹을 건데 뭐!

_____

_____

_____

교실에서 뛰어라. 신나잖아!

_____

_____

_____

그런데
우리 선생님
맞으세요?

쯧쯧, 이런 건
꿈속에서나 가능하지!
얼른 잠 깨라냥!

언어대장은 꿈속에서도 어쩜 그렇게 바른말만 하지?
자나 깨나 기특한 우리 언어대장, 이번 이야기하는 방도 통과!
도란도란 마법카드 획득!!!

공부해서 남 주는 사람은?

언어대장, 여기서는 '두 글자 초성 퀴즈'를 해 보자! 내가 자음 두 글자를 알려 주면 거기에 맞는 낱말을 쓰는 거야. 'ㄱㅁ' ➡ '개미, 가마, 고모, 국민, 골목, 구멍, 구미, 강물' 이렇게 말이야. 시작해 볼까?

🦇 주어진 자음에 맞는 낱말을 생각나는 대로 잔뜩 적어 보세요.

ㅎㄱ
학교

ㄱㅈ
글자

ㅅㄱ
사과

ㅇㄱ
아기

알 듯 말 듯 알쏭달쏭 수수께끼를 풀어 보세요.

공부해서 남 주면 너무 아깝겠다냥!

예시

공부해서 남 주는 사람은?
선생님

서로 다툰 사람에게
필요한 과일은?
_____

가는 곳마다 따라다니다
그늘에서 달아나는 것은?
_____

아무리 마셔도
배가 부르지 않은 것은?
_____

앞으로 가면 지고,
뒤로 가면 이기는 것은?
_____

하늘에 사는
예쁜 개는?
_____

피도 눈물도 없이
차갑기만 한 사람은?
_____

추울 때 밑으로만
자라는 뿔은?
_____

생각이 날 듯 말 듯 아리송하다가 답을 찾아내면 속이 다 후련하지?
초성 퀴즈와 수수께끼를 모두 즐겁게 풀었다면 성공이야.
알쏭달쏭 마법카드 획득!!!

꽁냥이의 일기 쓰기

꽁냥이의 오늘 일기야. 그런데 맞춤법을 많이 틀렸네.
언어대장이 틀린 부분을 고쳐 주자!

10 월 10 일   날씨: 쾌청, 쾌청, 쾌쾌청!

오늘 『편식은 안 되요!』라는 책을 읽었다.
　　　　　　（　　　　　　　）

나는 생선을 너무 좋아하는데 먹는 것도 내 마음대로 안 됀다니!
　　　　　　　　　　　　　（　　　　　　　　）

하지만 난 곰곰히 생각해 봤다.
　　　　（　　　　　）

채소를 많이 먹으면 피부가 고와진다는데 난 털로 덥혀 있어서 상관이 없다.
　　　　　　　　　　　　　　　（　　　　）

닭 가슴살을 먹으면 근육이 생긴다는데 이것도 나와는 상관없지 안은가?
　　　　　　　　　　　　　　　　　　　　　（　　　　　）

털이 많다는 게 이러케 고마울 줄 상상도 못했다. 음하하하!
　　　　　　（　　　　　）

난 꽁꽁마녀님을 달마서 아이스크림도 진짜 좋아한다.
　　　　（　　　　）

이건 좀 걱정이 된다. 왜냐하면 이가 썪어 버리기 때문이다.
　　　　　　　　（　　　　　　）

내가 이 세상에서 재일 무서워하는 곳이 바로 치과인데….
　　　　　（　　　　）

아무래도 이를 더 열심히 딱는 수밖에는 없겠다. 지키자, 3·3·3 법칙!
　　　　（　　　）

문장 만들기가 식은 죽 먹기

꽁냥이가 '쓰기 놀이터'에서 글씨를 많이 써서 팔이 아프다며 투덜거리네. 꽁냥이가 쓴 〈보기〉와 같이 꾸며 주는 말을 넣어 문장을 완성하는 거야. 문장 만들기는 정말 식은 죽 먹기!

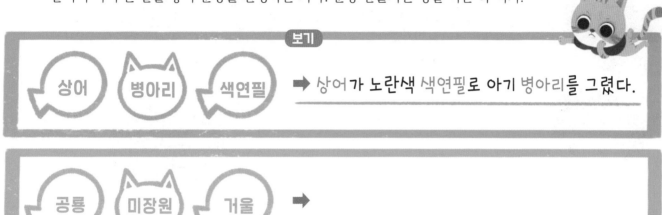

보기

상어 / 병아리 / 색연필 ➡ 상어가 노란색 색연필로 아기 병아리를 그렸다.

공룡 / 미장원 / 거울 ➡

원숭이 / 목걸이 / 꿀떡 ➡

피아노 / 엉덩이 / 학교 ➡

펭귄 / 딸기 / 안경 ➡

텔레비전 / 가수 / 삼촌 ➡

코딱지 / 방귀 / 선생님 ➡

고마우신 선생님을 보내 주세요!

언어대장, 드디어 마지막 방에 도착했구나! 지금부터 너희들에게
'선생님'이 왜 꼭 필요한지 나를 설득해 보렴!

✔ '선생님'하면 떠오르는 것을 자유롭게 적어 보세요.

> 재밌고도 무서운
> 옛날이야기 해 주시는
> 선생님이 제일 좋다냥!

선생님을
기쁘게하는
것

선생님을
슬프게하는
것

우리 선생님

선생님

왜 선생님이
필요할까?

선생님이 안 계신다면 정말 속상할 것 같아. 선생님에 대한
예쁜 마음을 담아서 동시를 썼다면 마지막 미션도 성공이야.

두근두근 마법카드까지 획득!!!

선생님을 인간 세상으로 보내요!

축하한다, 언어대장! 열다섯 장의 마법카드를 모았으니, '열려라 뚝딱 열쇠'를 얻을 수 있어.
문을 열어 선생님을 학교로 보내 드릴게! 이제 '학교'가 있는 4층에서 만나자.

🦇 미션을 마친 기분과 선생님께 하고 싶은 말을 적어 보세요.

선생님, 가지 마세요. 잉잉!
옛날이야기 들려주시면서
여기서 같이 살아용!

학교를
구하라!

지킬 것은 지키자!

언어대장, 드디어 마지막 4층으로 올라왔네! 이번 층에서는 '학교'에 대해 알아볼 거야. 그래서 이 방을 학교의 식당(급식실)처럼 만들었지. 학교에서 밥을 먹으면 더 맛있을까?

✔ 학교에서 먹고 싶은 음식들을 메뉴판에 적고, 지금 가장 먹고 싶은 음식을 식판에 가득 그려 보세요.

나는 뭐니 뭐니 해도 싱싱한 생선요리가 최고다냥!

메뉴판

🦇 많은 사람이 식사를 하는 곳에서 꼭 지켜야 할 '예절판'을 만들어 보세요.

식당에서 지켜야 할 예절

☝ _____
_____

✌ _____
_____

🤟 _____
_____

✴ 매일 맛있는 음식을 주시는 분들께 감사의 인사를 써 보자!

_____

_____

_____

골고루 먹기, 식당에서 뛰지 않기, 큰 소리로 말하지 않기 등
식당 예절 잘 지키고 있을 거라 믿고 4층의 첫 번째 미션 성공이야.
새콤달콤 마법카드 획득!!!

달려라, 지우개 기차 칙칙폭폭!

02
착칙폭폭 기차놀이 방

언어대장, 여기서는 '말허리 잇기'로 기차를 연결해 보자! 우리 몸에서 '허리'는 가운데에 있잖아. 그래서 '말허리 잇기'는 낱말의 가운데 글자로 다음 낱말을 시작하는 거야. 가운데 글자가 있으려면 반드시 세 글자 낱말이어야만 하지. 예를 들면 책'가'방 ➡ 가자미 ➡ 자가용 ➡ 가물치 ➡ 물고기 ➡ 고등어 ➡ 등갈비 ➡ 갈비뼈 ➡ 비행기 ➡ … 이렇게 말이야.

⤳ 기차의 몸통에는 글씨를 적고, 위쪽은 그림으로 표현해서 '말허리 잇기'를 해 보세요.

칙칙폭폭, 츄츄!!
그런데 내 몸에서는
허리가 어디냥?

'지우개'로 시작하는 말허리 잇기가 끊어지지 않고
잘 연결되었다면 성공이야. **칙칙폭폭 마법카드** 획득!!!

마법카드

국어책을 마술병에 쏙!

꽁냥이가 마술 놀이터에서 놀다가 그만 마술병 뚜껑이 열려서 모두 섞여 버렸지 뭐야?
병에 쓰여 있는 이름대로 마술 약들을 넣어 줘야만 해. 마술 약을 화살표로 병 입구까지
그려 주면 저절로 들어간대.

규칙 '교과서(학교에서 배우는 책)', '책(평소에 보는 책)'에 해당하는 5개의 마술 약을 각각 넣어 줄 것.
주의사항 만약 마술 약을 3개 이상 잘못 넣으면 병이 깨진다. 으악!

반대말을 찾아라!

꽁냥이가 뒤죽박죽 마법 책을 보고 있네. 아래 낱말의 반대말을 뒤죽박죽 마법 책에서 찾아 써 보자!

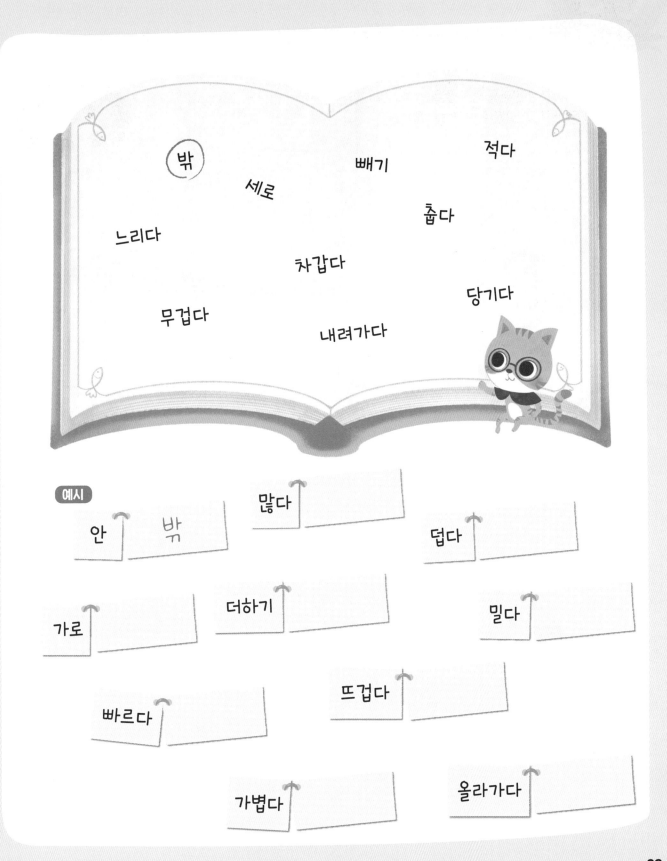

밖

세로　　빼기　　적다

느리다　　　춥다

차갑다

당기다

무겁다　　내려가다

예시

안 → 밖　　많다 ↑

덥다 ↑

가로 ↑　　더하기 ↑　　밀다 ↑

뜨겁다 ↑

빠르다 ↑

가볍다 ↑　　올라가다 ↑

행복한 정원을 원해요!

학교에 아름다운 정원이 있으면 좋을 것 같아. 음, 물고기가 헤엄치는 연못, 책을 읽을 수 있는 벤치, 또 다양한 꽃들도 많이 피어 있으면 좋겠어. 언어대장은 어떻게 정원을 꾸밀래?

🦇 우리 학교 정원에 필요한 것을 쓴 후, 손도장(손가락에 인주나 잉크를 묻혀 지문을 찍음)을 찍고, 정원을 꾸며 보세요.

나비

꿀벌

70

물고기

애벌레

연못에 시원한 분수도
있고 물고기도 많으면
좋겠다냥!

모든 학교에 근사한 정원이 있으면 좋겠지?
그때 언어대장이 설계자로 임명되기를 바라며 이번 미션 성공이야.
아롱다롱 마법카드 획득!!!

학교에 가면 있고, 있고, 있고!

언어대장, 여기서는 '말 덧붙이기 놀이'를 해 보자! 주제가 정해지면 앞의 낱말을 반복하면서 새로운 낱말을 덧붙이는 놀이야. 예를 들면 "과일 가게에 가면 사과도 있고 ➡ 과일 가게에 가면 사과도 있고, 배도 있고 ➡ 과일 가게에 가면 사과도 있고, 배도 있고, 감도 있고 ➡ …" 이렇게 말이야.

🦇 '말 덧붙이기 놀이'를 주제에 맞게 네 개씩 이어 보세요.

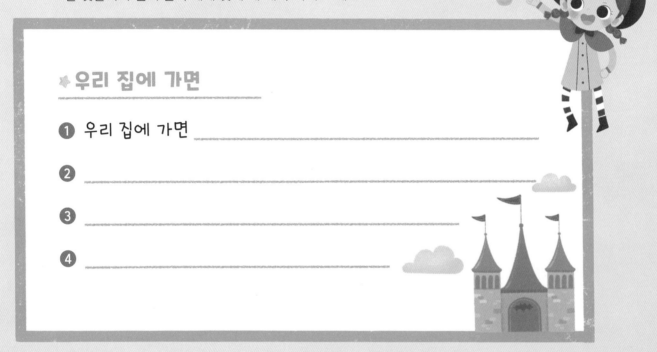

✦ 우리 집에 가면

❶ 우리 집에 가면 _____

❷ _____

❸ _____

❹ _____

✦ 도서관에 가면

❶ 도서관에 가면 _____

❷ _____

❸ _____

❹ _____

✿ 학교에 가면

① 학교에 가면 ....

② ....

③ ....

④ ....

수족관에 가면 돌고래도 있고 ➡ 수달도 있고 ➡ 피라냐도 있고…으악, 피라냐는 안 돼! 물리면 아프다냥!

이번 주제는 언어대장이 정해서 이어가 봐!

★ ....

① ....

② ....

③ ....

④ ....

기억하는 것이 어려웠어? 똑같은 걸 계속 쓰기가 귀찮았어?
그래도 네 개 정도는 한 번도 안 틀리고 잘 이어갔다고?
그렇다면 당연히 성공! **말랑말랑 마법카드** 획득!!!

마법카드

위인 이름 낚시

꽁냥이가 신나게 낚시를 하고 있네. 물방울에 있는 글자를 골라 주제에 해당하는
낱말이 되면 물고기에 쓰면 돼. 물고기는 모두 10마리야.

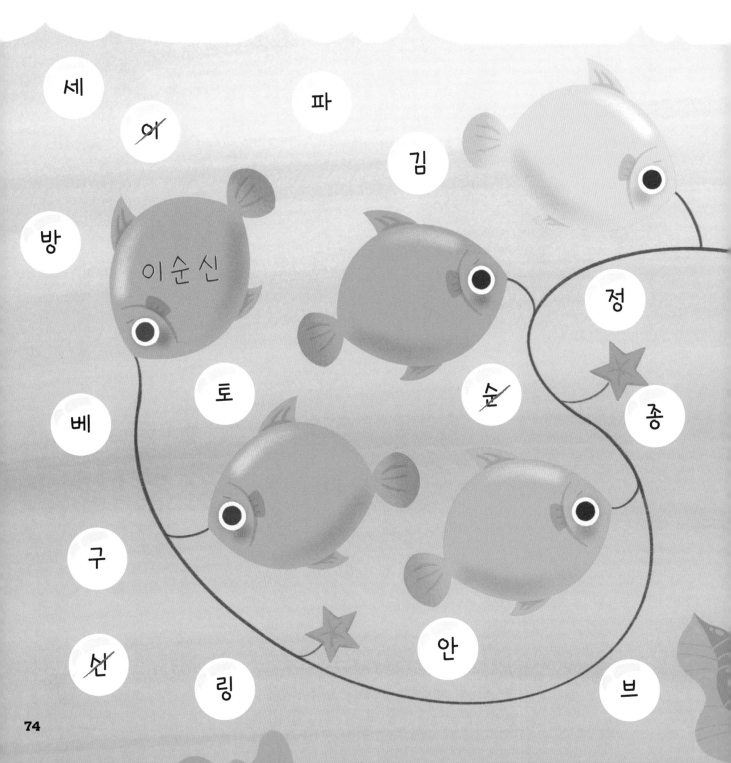

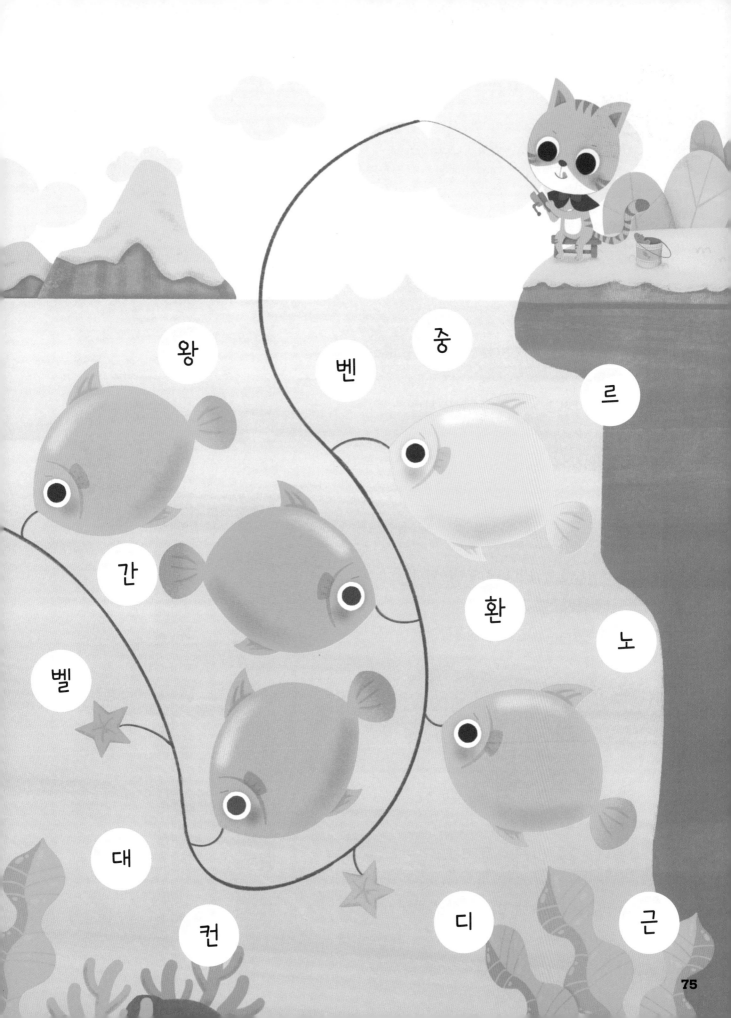

자랑스러운 나를 응원한다!

언어대장, 이 방에서는 칭찬할 거리를 찾아서 고마운 마음을 전해야만
통과할 수 있어. 음, 오늘은 '나'에 대해 생각해 보면서 칭찬할 점은 칭찬하고,
고쳐야 할 점은 고치도록 다짐하면서 나를 응원하자!

🦇 먼저 아래 글을 보면서 해당하는 곳에 솔직하게 표시해 보세요.

	잘했어요	보통이에요	아쉬워요
나는 일찍 자고, 일찍 일어난다.			
나는 골고루 맛있게 먹는다.			
나는 하루 3번 꼭 깨끗이 양치질을 한다.			
나는 정해진 시간에만 텔레비전을 보고, 게임을 한다.			
나는 매일 꾸준히 책을 읽는다.			
나는 어른들을 만나면 바르게 인사한다.			
나는 예의바르고, 고운 말을 사용한다.			
나는 약속을 잘 지킨다.			
나는 친구들을 놀리거나 괴롭히지 않는다.			
나는 어려움에 처한 친구를 잘 도와준다.			
나는 내가 훌륭한 사람이 될 거라고 믿는다.			
나는 가족과 친구에게 감사한 마음을 갖는다.			

✔ 나의 칭찬할 점을 생각하며 '칭찬 상장'을 만들고, 고쳐야 할 점을 생각하며 '실천 계획표'도 만들어 보세요.

나에게 주는 상장

이름: _____

_____

_____

_____

_____ 년 ____ 월 ____ 일

실천 계획표

_____

_____

_____

_____

이름: _____

나는 깨끗이 세수한다는 칭찬할 점과 양치질을 싫어한다는 고쳐야 할 점이 있다냥!

언어대장에게는 칭찬할 점이 참 많네! '실천 계획표'에 쓴 것도 잘 지킬 것이라 굳게 믿으며 이번 미션도 성공이야. **토닥토닥 마법카드**도 획득!!!

솔바람이 불어요!

꼼질꼼질 그리는 밤

언어대장, 창문을 열어 봐. 지금 솔바람이 불고 있어. '솔바람'은 소나무 사이를 스쳐 불어서 솔향기가 솔솔 나는 바람이야. 오늘은 다양한 바람의 종류와 그 종류만큼이나 예쁜 바람 이름에 대해서 알려줄게.

바람에 대한 설명을 읽고서, 바람을 맞은 표정과 머리카락이 어떻게 바람에 날리는지 그림으로 그려 보세요.

산들바람
부드럽고 시원하게 부는 바람

황소바람, 고추바람, 칼바람도 진짜 바람이다냥!

싹쓸바람
모든 것을 싹 쓸어갈 만큼 세차게 부는 바람

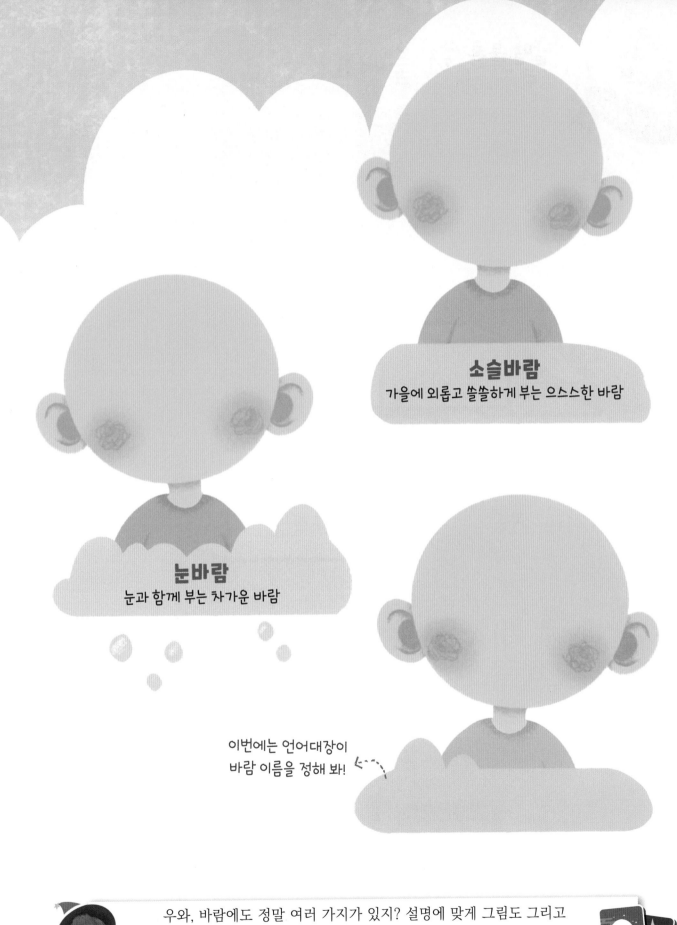

소슬바람
가을에 외롭고 쓸쓸하게 부는 으스스한 바람

눈바람
눈과 함께 부는 차가운 바람

이번에는 언어대장이
바람 이름을 정해 봐!

우와, 바람에도 정말 여러 가지가 있지? 설명에 맞게 그림도 그리고
예쁜 우리말도 알게 되었다면 일석이조! 이번 미션도 성공이야.
꼼질꼼질 마법카드 획득!!!

낱말 블록 쌓기

꽁냥이가 열심히 낱말 블록을 쌓고 있네. 뜻풀이가 적힌 쪽지와 낱말 블록을
같은 색으로 칠해 보자. 블록도 쌓고 낱말도 익히자.

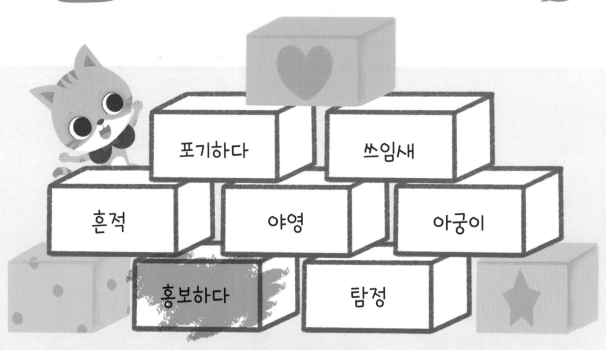

포기하다　쓰임새

흔적　야영　아궁이

홍보하다　탐정

널리 알리다.

하려던 일을
중간에
그만두다.

어떤 현상이나
실체가 없어졌다가
나중에 남는 자국.

휴양이나 훈련을
위해 야외에 천막을
쳐 놓고 하는 생활.

비밀 사항이나
사정을 몰래
알아내는 일 또는
그 일을 하는 사람.

쓰임의 정도.

방이나 솥에
불을 때기 위해
만든 구멍.

맞춤법이 식은 죽 먹기

꽁냥이가 맞춤법은 이제 식은 죽 먹기라고 말했지만 아래 문장들을 보더니 고개를 갸우뚱거리네.
언어대장이 잘 보고, 맞는 낱말을 찾아 ○표 해 주자. 자신 있지? 물론 좀 틀려도 괜찮아.
지금 배우면 되니까!

❶ 개와 고양이는 특성이 ⟨다르다⟩ 틀리다 .

❷ 눈이 올 거라는 일기예보가 다르다 틀리다 .

❸ 수수께끼의 정답을 모두 맞추다 맞히다 .

❹ 빠뜨리지 않고 퍼즐 조각을 맞추다 맞히다 .

❺ 할머니께 보낼 편지 봉투에 우표를 부치다 붙이다 .

❻ 학교 옆 우체국에 가서 편지를 부치다 붙이다 .

❼ 날씨가 더워서 배달음식 중에서 냉면을 시키다 식히다 .

❽ 부채질을 열심히 해서 시원하게 땀을 시키다 식히다 .

❾ 따뜻한 물에 코코아 가루를 넣어 젓다 젖다 .

❿ 이제 헤어질 시간이 다가와 슬픔에 젓다 젖다 .

울레줄레 도형들의 나들이

언어대장, 크고 작은 다양한 도형들이 나들이를 간다네.
그렇다면 오늘은 도형의 특징에 맞게 독특한 그림으로 완성해 보자!

🦇 아래 그려진 도형을 이용하여 독특한 그림으로 완성해 보세요.

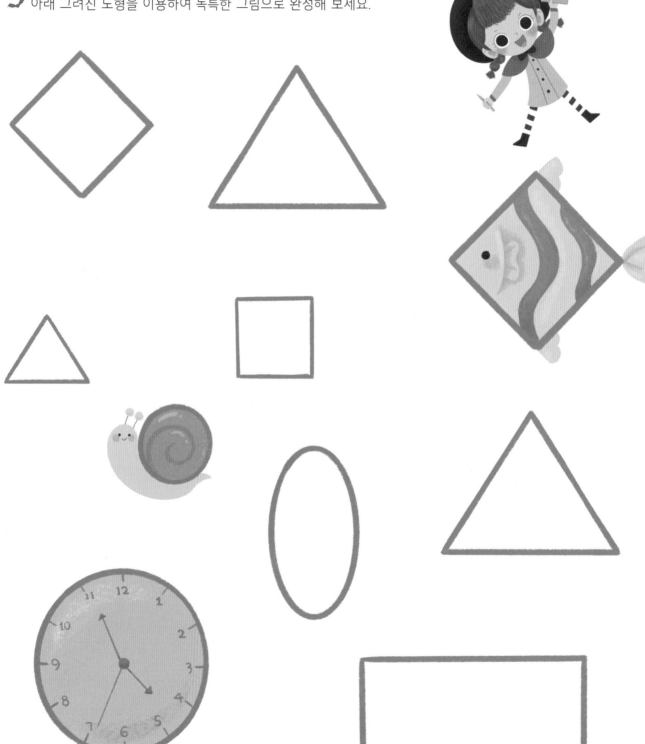

 아, 재미나네! 도형을 이용한 그림이 지금도 머릿속에서 계속 떠오르지?
이번 미션도 역시 성공이야. **새록새록 마법카드** 획득!!!

숨은 그림을 찾아라!

언어대장, 마녀 마을에는 숨겨진 보물이 많이 있단다. 눈을 크게 뜨고 한번 찾아봐!

🦇 그림을 잘 보고, 숨은 그림을 찾아보세요.

주방용품 징검다리 건너기

꽁냥이는 물을 아주 싫어해. 그런데 물과 친해지고, 한글 공부도 하라며 꽁꽁마녀가 징검다리가 놓인 개울 놀이터를 만들었지 뭐야? 언어대장이 맞춤법에 맞는 돌 한 개에만 색칠해 줘. 그걸 따라서 꽁냥이가 개울을 잘 건널 수 있도록 말이야.

규칙

'주방과 관련 있는 낱말'이 바르게 쓰인 돌만 색칠해서 징검다리를 만들 것.

주의사항

틀린 글자를 밟으면 꽁냥이가 물에 빠지며 그로 인한 스트레스로 성격이 포악해질 수 있다. 안 돼!

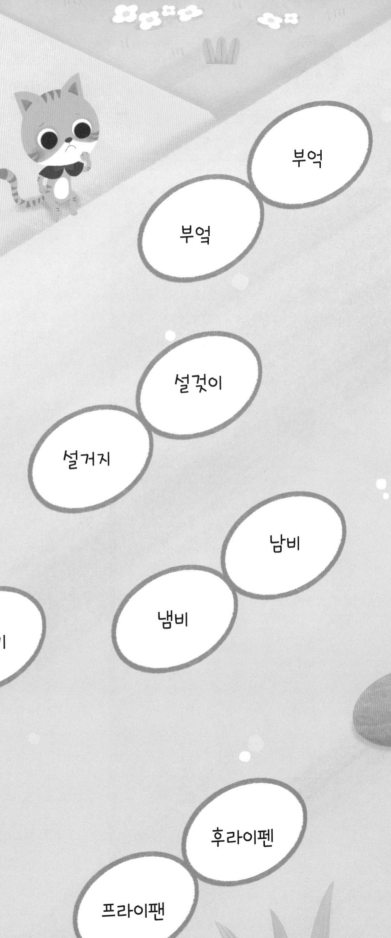

부엌

부엌

설겆이

설거지

냄비

냄비

새척기

세척기

후라이펜

프라이팬

솥단지

솥단지

그릇

그릇

숟가락

숟가락

젓가락

젓가락

뒤집게

뒤집개

내가 꿈꾸는 학교랍니다!

언어대장, 지금 다니는 학교 시설이 마음에 들어? 가끔 아쉬울 때도 있지? 그렇다면 오늘은 언어대장이 꿈꿔 온 학교를 그림으로 그려 보자. 혹시 알아? 건축하시는 분이 언어대장의 그림을 보고 진짜로 그렇게 만들어 주실지? 상상만 해도 멋진 일인 걸!

🦇 '내가 꿈꾸는 교실'에 있었으면 하는 것을 그림으로 그리고 설명해 주세요.

내가 꿈꾸는 교실

이름: 친절 로봇
특징: 모르는 것도 알려주고, 청소도 함.

✿ 꼭 바꾸고 싶은 것은?

_____

✿ 새로 추가하고 싶은 것은?

_____

✿ 교실 이름도 새롭게 지어 보자!

_____

'내가 꿈꾸는 운동장'을 멋지게 그림으로 표현해 보세요.

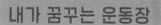

내가 꿈꾸는 운동장

나는 운동장에 낚시터를 만들어 달라냥!

이름: 해마 미끄럼틀
특징: 우리나라에서 제일 긴 물 미끄럼틀

❋ 꼭 바꾸고 싶은 것은?
_____

❋ 새로 추가하고 싶은 것은?
_____

❋ 운동장 이름도 새롭게 지어 보자!
_____

언어대장이 꿈꾸는 학교가 꼭 만들어지기를 진심으로 바라. 수고 많았어.
이번 미션도 훌륭하게 성공이야. **반짝반짝 마법카드** 획득!!!

마법카드

꼭꼭 숨어라!

언어대장도 친구들과 숨바꼭질 놀이 많이 하지?
여기서는 '꼭꼭 숨어라'라는 전래동요의 가사를 바꿔 보자!
가사 바꾸기가 끝나면 수리수리성에서도 숨바꼭질을 해 볼까?

🦇 '숨바꼭질'의 가사를 친구들과 말하는 것처럼 바꿔 보세요.

꼭꼭 숨어라 꼭꼭 숨어라	꼭꼭 숨어라 꼭꼭 숨어라
텃밭에도 안 된다 상추 씨앗 밟는다	_____ 안 된다 _____
꽃밭에도 안 된다 꽃모종을 밟는다	_____ 안 된다 _____
울타리도 안 된다 호박순을 밟는다	_____ 안 된다 _____

➡

꼭꼭 숨어라 꼭꼭 숨어라	꼭꼭 숨어라 꼭꼭 숨어라
종종머리 찾았네 장독대에 숨었네	_____ 찾았네 _____ 숨었네
까까머리 찾았네 방앗간에 숨었네	_____ 찾았네 _____ 숨었네
빨간 댕기 찾았네 기둥 뒤에 숨었네	_____ 찾았네 _____ 숨었네

꼭꼭 숨어라!
머리카락 보일라!

✔ '뽕나무와 대나무와 참나무'라는 짧고 재미난 옛날이야기입니다. 이야기와 어울리는 그림이 되도록
배경을 그려 보세요.

옛날 옛적 갓날 갓적,

뽕나무와 대나무와 참나무가 살았대.

하루는 뽕나무가 별안간 "뽕!"

하고 방귀를 뀌니까

대나무가 "댁기놈, 댁기놈!"

하고 화를 내더래.

그러니까 참나무가 듣고 있다가

"참아라, 참아라!"

하더래.

어때, 그림만 봐도 이야기를 알 수 있도록 그렸다고? 대단한데!
그렇다면 당연히 이번 미션도 성공이야. **신통방통 마법카드** 획득!!!

서당 십자말풀이

꽁냥이가 끙끙거리며 십자말풀이를 하고 있네. '십자말풀이'는 바둑판 같은 바탕에 가로와 세로에 있는 문제의 답을 쓰는 낱말 퀴즈야. 답을 다 쓰면 '서당'을 외쳐야 해.

규칙 가로, 세로 각각 4개의 답을 모두 쓴 후 '서당'을 외칠 것.

주의사항 만약 '서당'을 외치지 못하면 1시간 동안 말을 할 수 없게 된다. 답답해!

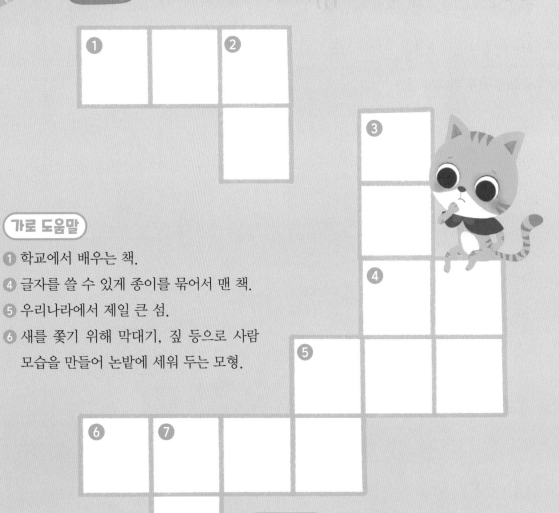

가로 도움말

1 학교에서 배우는 책.

4 글자를 쓸 수 있게 종이를 묶어서 맨 책.

5 우리나라에서 제일 큰 섬.

6 새를 쫓기 위해 막대기, 짚 등으로 사람 모습을 만들어 논밭에 세워 두는 모형.

세로 도움말

2 예전에 한문을 가르치던 곳.

3 허리 위쪽은 사람이고, 허리 아래쪽은 물고기인 공주로, 왕자님을 사랑하다 물거품이 됨.

5 『흥부 놀부』에서 다리를 다친 새이며 '지지배배' 하고 지저귐.

7 손과 발을 이용하여 물속을 헤엄치는 일.

정겨운 북한말 퀴즈

꽁냥이가 퀴즈를 풀며 점점 한글 박사님이 되고 있네. 오늘은 정겨운 북한말에 대해 알아보자.
사다리를 타고 내려가면 우리가 쓰는 말과 연결되어 있어.

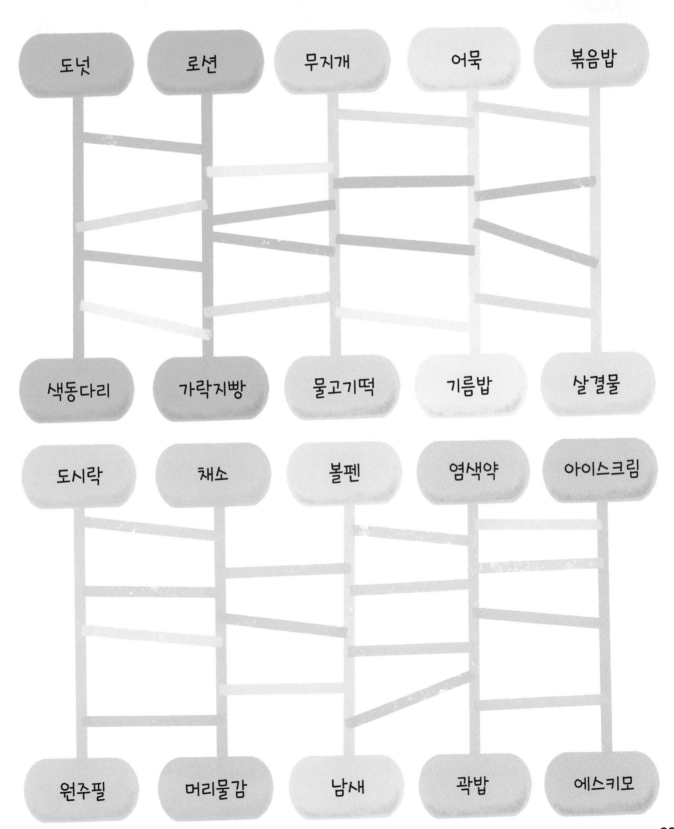

가우디에게 물어보자!

난 위인들의 이야기 읽는 것을 아주 좋아하는데, 얼마 전에 읽은 '건축가 가우디'의 이야기는 다른 위인들과 또 다른 점들이 많았어. 우리 함께 읽어 보자!

🦇 언어대장이 가우디를 만나 궁금한 걸 직접 물어본다면 뭐라고 대답해 주셨을까 생각하고 써 보세요.

"해님도 둥글, 하늘의 구름도 둥글, 나비의 날개도 둥글둥글. 그런데 왜 집들은 모두 네모 모양일까? 너무 딱딱하고 재미없어!"

어린 가우디는 모든 건물들이 네모로 반듯반듯한 것이 오히려 이상했어요. 그래서 자신이 어른이 되면 반드시 둥근 모양의 집들을 짓겠다고 생각했지요.

열심히 공부한 끝에 건축가가 된 가우디는 자신의 상상력을 마음껏 펼치며 설계도를 그렸어요. '산과 들, 바다 모두 우리의 자연은 원래 하나인 것처럼 아름다운 조화를 이루고 있어. 내가 앞으로 세울 건물들도 자연과 하나였던 것처럼 편안하게 조화를 이루도록 만들 거야!'

가우디가 지은 집과 건물들은 뾰족하고 반듯한 직선이 없어요. 용이 하늘로 올라가는 것처럼 장식을 만들기도 하고, 다양한 색깔의 도마뱀처럼 타일을 쪼개어 장식하기도 했어요. 어떤 것은 '해골 무더기', 생쥐들이 드나들 것 같은 '생쥐 굴'이라고 불리기도 했지만, 그의 작품은 현대로 오면서 사람들의 사랑을 받고 있지요. 이렇게 가우디의 건축물은 단순한 건물이 아니라 '위대한 예술 작품'으로 평가받고 있답니다.

🌸 가우디, 어떤 모양의 집에서 살고 싶었나요?

_____

🌸 가우디, 자신이 지은 건물을 '생쥐 굴'이라고 불러서 속상하지 않았어요?

_____

🌸 가우디, '건축가'라는 직업의 매력은 무엇인가요?

_____

생쥐 굴 같은 건물, 도마뱀과 용 장식도 있는데, 왜 고양이 닮은 건물은 없는 거냥!

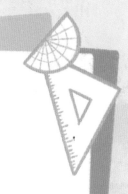

🦇 가우디처럼 '건축가'가 되어 내가 살고 싶은 집을 그려 보세요.

🌟 언어대장, 어떤 건물을 짓고 싶어?

_____

🌟 누구를 위한 건물을 지을 거야?

_____

🌟 건축가가 되기 위해서는 지금부터 어떤 노력을 해야 할까?

_____

_____

자신이 그린 설계도에 따라 건물이 지어지는 '건축가'라는 직업도
아주 멋지지! 멋진 건축가도 될 수 있는 언어대장을 응원하면서
이번 방도 통과! **무럭무럭 마법카드** 획득!!!

참아야 하느니라!

언어대장, 큰일 났어! 수리수리성에 오면 모든 고민을 다 해결해 준다고 소문이 나서 지금 동물들이 몰려오고 있대. 일단 만나서 이야기를 들어보자!

🦇 아래 동물들의 이야기를 듣고, 해결 방법을 적어 보세요.

> 집이 너무 무거워.
> 등껍질을 떼어 버리고 집을 지어야겠어!
> 나도 가볍게 살고 싶다고!!

해결 방법

> 고기만 먹었더니 어금니가 아파!
> 나도 부드러운 생크림 케이크가
> 먹고 싶다고!!

해결 방법

북극은 너무 추워!
나도 뜨거운 태양 아래서
수영하고 싶다고!!

해결 방법

작지만 날개가 있으니 날아 봐야겠어.
우선 지붕으로 올라가자!
나도 높이 날아오르고 싶다고!!

해결 방법

참아라, 참아야 하느니라,
참는 자에게
복이 있다냥!

엉뚱한 생각을 하고 있는 동물들이 모두 안정을 찾고 집으로 돌아갔네.
멋지게 해결했으니 이번 미션도 성공이야. **키득키득 마법카드** 획득!!!

마법카드

용기의 중요성 속담 퍼즐

꽁냥이가 갸우뚱거리며 속담 퍼즐을 맞추고 있네.
속담의 뜻에 맞게 퍼즐을 연결한 뒤 같은 색으로 칠하고, 바르게 써 보자.

예시

몸집이 작은 사람이 큰 사람보다 재주가 뛰어나고 야무지다는 뜻.	개천에서
아무리 어려운 일이라도 해결할 방법이 있다는 뜻.	거미도 줄을 쳐야
힘들고 어려운 처지에 있는 사람에게도 좋은 날이 온다는 뜻.	작은 고추가
어려운 환경에서도 훌륭한 사람이 나온다는 뜻.	굼벵이도 구르는
무슨 일이든지 준비가 되어 있어야 결과를 얻을 수 있다는 뜻.	구더기 무서워
방해가 되는 일이 있더라도 할 일은 해야 한다는 뜻.	하늘이 무너져도
아무리 별 볼 일 없는 사람도 한 가지 재주는 있다는 뜻.	쥐구멍에도

✦ 속담 바르게 써 보기 ✦

볕 들 날 있다	
장 못 담글까	
솟아날 구멍이 있다	
용 난다	
벌레를 잡는다	
더 맵다	작은 고추가 더 맵다
재주가 있다	

99

우리는 날마다 자라요!

언어대장, 오늘은 태어나면서부터 지금까지 중요한 사건들을 기억하며 '성장 흐름표'를 만들어 볼까? 음, 나는 말야. "1살, 기어 다니다가 구슬을 먹어 병원 응급실에 감. 3살, 글자를 읽어서 천재라고 소문이 남. 4살, 할머니와 인간 세상에 놀러 감. 6살, 꽁냥이를 처음 만남. …"

그림이나 글로 중요한 사건들을 기록하는 '나의 성장 흐름표'를 만들어 보세요.

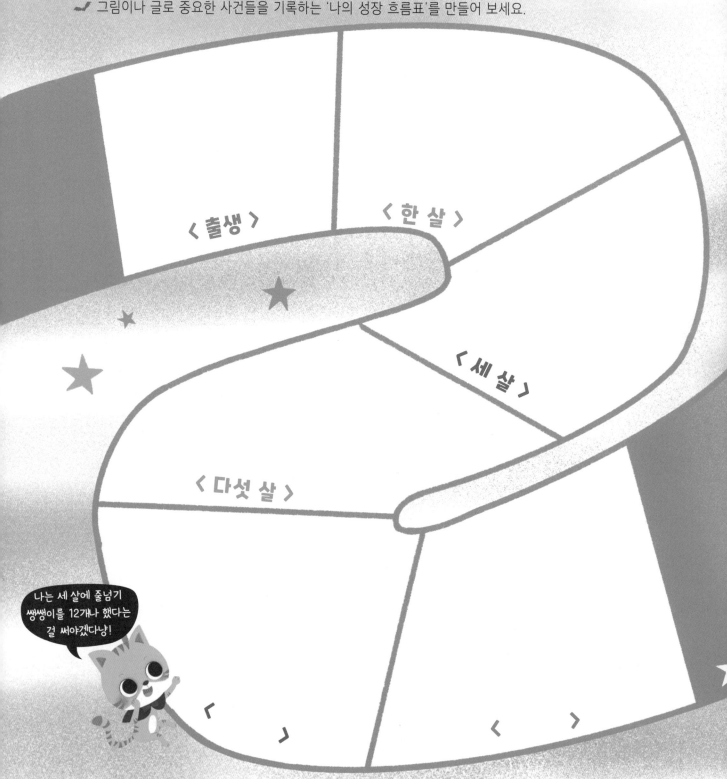

〈 출생 〉

〈 한 살 〉

〈 세 살 〉

〈 다섯 살 〉

나는 세 살에 줄넘기 쌩쌩이를 12개나 했다는 걸 써야겠다냥!

〈　　〉

〈　　〉　　〈　　〉

🦇 30년 후에는 어떻게 될지 나의 멋진 모습을 상상해서 그려 보세요.

성장 흐름표를 만들고, 30년 후 내 모습을 상상해 보니 기분이 어때?
어쨌든 매일매일 조금씩 자라고 있는 것이 확실해! 이번 미션도 멋지게
성공이야. **도란도란 마법카드** 획득!!!

바람 부는 날 먹는 떡이라고?

언어대장, 이 방에는 특별한 초성 퀴즈가 준비되어 있어.
초성 퀴즈는 이제 자신 있다고? 하지만 학교의 특별실은 좀 어려울 걸?
어쨌든 빨리 시작하자!

🦇 '교실에 있는 물건'과 '학교에 있는 특별한 교실'에 대한 초성 퀴즈를
맞혀 보세요.

예시

| 칠 | 판 |

| ㄱ | ㅎ | ㅅ |

| ㅇ | ㅈ |

| ㄱ | ㅅ | ㅅ |

| ㄷ | ㅅ | ㄱ |

| ㅇ | ㅇ | ㅅ |

| ㅊ | ㅅ |

| ㅅ | ㄱ |

| ㅋ | ㅍ | ㅌ |

| ㅂ | ㄱ | ㅅ |

학교에는 미모를
가꾸는 방이 없어서 난
다니지 말아야겠다냥!

<보기>에서 골라 알쏭달쏭한 떡 이름을 맞혀 보세요.

보기

달떡, 쑥떡, 무지개떡, 백설기, 꿀떡, 골무떡, 바람떡, 가래떡, 인절미, 개떡

바람 부는 날 먹는 _____

떠들면서 먹는 _____

하늘에서 먹는 _____

바느질하면서 먹는 _____

침 뱉으면서 먹는 _____

절하면서 먹는 _____

달님이 먹는 _____

개들이 먹는 _____

꿀이 들어 있는 _____

하얀 눈 오는 날 먹는 _____

언어대장, 떡 좋아해? 맛 좋고, 이름도 재미난 떡이 참 많네.
교실 초성 퀴즈와 떡 이름을 각각 7개 이상 맞혔다면 성공이야.
알쏭달쏭 마법카드 획득!!!

103

꽁냥이의 레시피 쓰기

꽁꽁마녀가 감기에 걸렸다고 꽁냥이가 사랑이 담긴 〈생선 수프〉를 만들었대.
그러고는 너무 맛있다며 만드는 법을 적어 놓았는데 맞춤법을 많이 틀렸네.
언어대장이 틀린 부분을 고쳐 주자!

✿ **음식 제료:** 싱싱한 생선, 양파, 감자, 당근, 올리브유, 소금, 후추, 물
(　　　　　)

✿ **생선 수프 요리법**

❶ 싱싱한 생선을 내장은 버리고 깨끄시 씻는다.
　　　　　　　　　(　　　)

❷ 채소도 모두 씻어서 깍뚝썰기를 한다.
　　　　　　　(　　　　)

❸ 채소를 먼저 올리브유에 뽁다가 물을 붓고 끓인다.
　　　　　　　(　　　)

❹ 재료가 완전히 익을 정도로 끌인 후 생선살을 넣고, 소금으로 간을 맞힌다.
　　　　　　(　　　)　　　　　　　　　(　　　)

❺ 바닥에 생선살이 눋지 않도록 계속 젖고 끓어오르면 빵과 함께 먹는다.
　　　　　　　　　　(　　　)

✿ **주이사항**
(　　　　)

❶ 감자 싹에는 독이 있기 때문에 껍질을 깎을 때 싹을 완전이 도려내야 한다.
　　　　　　　　　　　　(　　　)

❷ 제료는 크기와 모양을 비슷하게 썰어야 요리가 완성되었을 때 먹음직스럽다.
(　　　　)

문장 만들기가 식은 죽 먹기

꽁냥이가 '쓰기 놀이터'에서 글씨를 많이 써서 팔이 아프다며 투덜거리네.
꽁냥이가 쓴 〈보기〉를 보고 주어진 낱말을 모두 사용해서 문장을 완성하는 거야.
문장 만들기는 정말 식은 죽 먹기!

보기

요정, 도깨비, 책,
알록달록, 뚝딱뚝딱

뚝딱뚝딱, 책 만들기를 해 보자. 알록달록 종이를 오리고 접으니, 어느새
완성되었네. 내가 만든 책에는 요정도 나오고 도깨비도 나오지!

횡단보도, 손,
신호등, 자동차,
빙그레

모래, 미끄럼틀,
쿵, 그네,
왁자지껄

남극, 펭귄,
얼음, 고래,
와장창

외계인, 어린이,
우주선, 지구,
두리번두리번

정겨운 우리 학교를 보내 주세요!

언어대장, 드디어 마지막 방에 도착했구나! 지금부터 나에게 '학교'가 왜 꼭 필요한지 설득해 보렴!

🦇 '학교' 하면 떠오르는 것을 자유롭게 적어 보세요.

좋아하는
공부

교실

공부

싫어하는
공부

학교

왜 학교가
필요할까?

운동장

학교에서 공부하긴
싫지만 친구들이
있어서 좋다냥!

106

'학교'을 주제로 동시를 짓고, 어울리는 그림도 멋지게 그려 보세요.

학교가 왜 필요한지 잘 정리해서 보여주고, 마음을 담아서 동시도
썼다면 마지막 미션도 성공이야. **두근두근 마법카드**까지 획득!!!

학교를 인간 세상으로 보내요!

축하한다, 언어대장! 모든 과정을 통과해서 '학교'까지 인간 세상으로 보냈네! 대단하다!!!

🦇 미션을 마친 기분과 학교에게 하고 싶은 말을 적어 주세요.

언어대장 덕분에 이제 난 한글도 읽고 쓸 수 있게 되었어. 고맙다냥! 언제라도 나와 마녀님을 초대해 달라냥!

학교는 수고한 언어대장에게 어떤 이야기를 해 주었을까요? 자유롭게 적어 보세요.

'깜짝이야 망원경'으로 세상 보기

언어대장은 꽁꽁마녀가 깊이 잠든 틈을 타서 살금살금 옥상으로 올라왔어. 그러고는 무엇을 볼까 잠시 생각한 뒤, "깜짝이야 망원경아, ○○○○○○○을 보여줘!"라고 속삭였지. 망원경을 들여다보던 언어대장은 "우와!!!"하는 함성을 질렀어. 과연 언어대장은 무엇이 보고 싶었던 걸까? 그 모습을 상상하며 그려 보자!

언어대장, 그리운 집으로 돌아오다!

집에 돌아와서 그동안 먹고 싶었던 음식도 잔뜩 먹고, 많은 사람들에게 축하를 받았다.

🎃 내가 언어대장으로서 임무를 마치고 와서 달라진 점은 뭐가 있을까?

_____

_____

_____

_____

🎃 새롭게 알게 된 사실도 써 보자!

_____

_____

_____

_____

바쁜 나날들이 지나자 꽁꽁마녀와 꽁냥이가 가끔 보고 싶기도 하겠지?
여기서는 꽁꽁마녀와 귀여운 꽁냥이에게 편지를 써 보자.

선생님을 구하라!

1번째 방

지도TIP 누군가를 초대해서 기쁘게 한다는 것은 상대방에 대한 이해와 배려심이 있어야 가능한 일입니다. '초대장'은 편지, 일기와는 다른 형식으로 어느 정도 양식(초대하는 사람, 일시, 장소 등)에 맞춰야 하지만 아이의 개성도 드러날 수 있도록 자유로운 분위기를 조성해 주세요.

2번째 방

지도TIP '끝 글자 잇기'는 아이들에게 생소할 수 있으나 "리, 리, 리 자로 끝나는 말은…"과 같은 동요를 부르면 쉽게 접근할 수 있습니다. 노래로 부르다 보면 음률을 타면서 끝까지 해야 하기 때문에 최소한 5개의 낱말은 찾게 됩니다.

★ '태극기' → 딸기 → 감기 → 비행기 → 세탁기 → 청소기 → 전화기 → 소화기 → 사진기 → 선풍기 → 깔때기 → 갈매기 → 이야기 → 각도기 → 쓰레기 → 개미핥기 → 모기 → …

꽁냥이의 마술 놀이터 1
● **자석에 붙는 것:** 바늘, 클립, 옷핀, 칼날, 자석 집게
● **자석에 붙지 않는 것:** 연필, 공책, 풀, 지우개, 크레파스

꽁냥이의 마술 놀이터 2
● 그늘-응달 / 정리-정돈 / 달걀-계란 / 산울림-메아리 / 빨래-세탁 / 소원-소망 / 뛰다-달리다 / 습관-버릇 / 굽히다-숙이다 / 한가위-추석

3번째 방

지도TIP 다른 사람들을 기쁘게 한다는 것은 먼저 그 사람을 관찰하고, 특성을 기억해야 하는 일이므로 어린아이들에게는 결코 쉽지 않은 활동입니다. 이때 '입장 바꿔 생각해 보기'를 통해서 그 사람이 되어 이야기해 보도록 합니다.

4번째 방

지도TIP "무엇이 무엇이 똑같을까"는 아기 때부터 부르는 노래입니다. 이 노래로 나와 다른 사물, 또는 사물과 사물의 같은 점과 다른 점을 찾는 놀이로 연결할 수 있습니다. 자세히 비교하며 살펴보면 모르던 것을 새롭게 발견하게 되는 것은 물론 관찰력과 표현력이 향상됩니다. 아이들은 놀이가 학습이고, 학습이 곧 놀이라는 사실을 잊지 맙시다.

꽁냥이의 낚시 놀이터
● **올림픽 경기 이름:** 양궁, 수영, 축구, 핸드볼, 레슬링, 태권도, 체조, 테니스, 마라톤, 펜싱

5번째 방

지도TIP 순수한 마음을 지닌 어린이 시기는 감사 교육을 할 수 있는 최적기입니다. 무엇에 감사해야 하는지, 왜 감사해야 하는지 그 이유를 물어보고, 감사한 마음을 느꼈을 때는 어떻게 표현할 수 있는지도 함께 이야기합니다. 마음에서 우러나는 감정을 풍부하게 표현할 수 있도록 편안하고 자유로운 분위기를 만들어 주세요.

6번째 방

지도TIP 재미있게 상상할 수 있는 형태의 그림 그리기입니다. 이런 형태의 그림을 제공할 때 그림 전체의 주제를 미리 알려주는 것도 좋고, 사고의 개방성을 확대하기 위해 주제를 주지 않아도 좋습니다. 이처럼 자유롭게 표현할 수 있도록 기회를 많이 주시고, 완성된 그림의 내용이나 제목을 써 보도록 합니다.

꽁냥이의 블록 놀이터 1

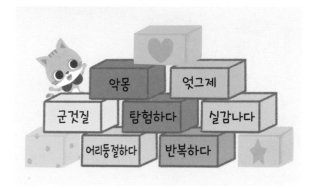

악몽　엊그제
군것질　탐험하다　실감나다
어리둥절하다　반복하다

꽁냥이의 블록 놀이터 2

① 헷갈리는　② 가르쳐 주셨다　③ 가리키셨다
④ 잊어버렸다　⑤ 잃어버렸다　⑥ 적다　⑦ 작다
⑧ 느리다　⑨ 늘이다　⑩ 늘리다

7번째 방

지도TIP '받침 있는 낱말 쓰기'는 생각보다 쉽지 않습니다. 게다가 'ㅂ 받침 낱말'로 '밥상'을 적었다면 받침이 ㅂ과 ㅇ이 들어가기 때문에 제외해야 합니다. 그러다 보면 낱말이 많이 떠오르지 않아 답답해 합니다. 그럴 때 평소에 읽는 동화책 등을 펴고 낱말을 찾아보도록 하거나 힌트를 주세요.

★ 'ㅂ' 받침 낱말: 입, 밥, 법, 집, 컵, 탑, 삽, 잡채, 지갑,

접시, 사과즙 등

★ 'ㅅ' 받침 낱말 : 잣, 갓, 낫, 못, 붓, 옷, 버섯, 도넛, 로봇, 머리빗, 빗자루 등

★ 'ㅇ' 받침 낱말: 양파, 가방, 공룡, 상어, 병아리, 강아지, 앵무새, 호랑이, 등

★ 받침이 없는 낱말: 소시지, 토마토, 나비, 파리, 코끼리, 다리미, 바지, 시소 등

8번째 방

지도TIP 이렇게 지도해 주세요. '미로 찾기'는 쉽고 간단하게 즐길 수 있으면서 동시에 집중력과 관찰력을 키워 줍니다. 먼저 손가락으로 짚어가며 미로를 빠져나온 후 연필로 진행하면 좋습니다.

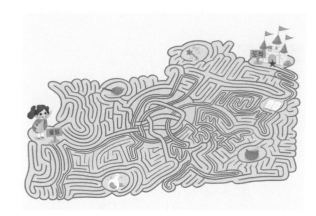

꽁냥이의 개울 놀이터

장롱 → 책꽂이 → 시계 → 홑이불 → 베개 → 빗자루 → 빨래집게 → 쓰레기통 → 칫솔 → 연필깎이

9번째 방

지도TIP 아이들은 사고가 유연하고 말랑말랑합니다. 이 때 양질의 질문을 던지고, 정답이 없는 다양한 활동도 해 보세요. 내용이 궁금하거나 다른 사람의 생각이 알고 싶으면 아이들과 함께 백과사전이나 인터넷에서 정보를 찾는 방법도 병행한다면 훨씬 도움이 될 것입니다.

10번째 방

지도TIP '같은 말로 이어 말하기'는 몸짓으로 표현하면서 상대방과 교대로 해 보면 훨씬 더 재미있게 진행할 수 있습니다. '작다, 작다'에서는 몸을 아주 작게 하면서, '길다, 길다'를 표현할 때는 몸을 최대한 늘이면서 해 보세요. 몸짓은 또 하나의 언어이니까요.

꽁냥이의 퀴즈 놀이터 1

꽁냥이의 퀴즈 놀이터 2

11번째 방

지도TIP 안중근은 독립투사로 우리 민족의 영웅이면서 학교를 설립한 교육자이기도 합니다. 안중근 외에도 위인들이 남긴 명언에 대해 알려주고, 어떤 느낌이 드는지 아이들의 이야기도 들어보세요. 또 아이들 눈높이에 맞도록 위인이 살던 시대상이나 명언에 담긴 배경 설명도 곁들여 주세요.

12번째 방

지도TIP 정해진 주제에 상상력을 발휘하여 그림을 그리고 장·단점을 써 보는 활동입니다. 하마의 코는 어떤 기능을 하는지, 고슴도치의 털은 왜 뾰족한지 등 원래 동물의 특성을 아이와 함께 백과사전이나 인터넷에서 찾아보며 알아간다면 과학적 호기심이 더 키워질 것입니다.

꽁냥이의 퍼즐 놀이터

◉ 어릴 때 몸에 밴 버릇은 늙어서도 고치기 힘들다는 뜻. → 세 살 적 버릇이 → 여든까지 간다

◉ 나쁜 일도 자꾸 하면 버릇이 되어 나중에는 큰 잘못을 한다는 뜻. → 바늘 도둑이 → 소도둑 된다

◉ 무슨 일이든지 시작하기가 어렵지 시작하면 끝내기는

그리 어렵지 않다는 뜻. → 시작이 → 반이다

🌸 어떤 일이든 하려고 생각했으면 당장 하라는 뜻. → 쇠뿔도 → 단김에 빼라

🌸 잘 아는 일이라도 다시 한 번 확인하고 조심하라는 뜻. → 돌다리도 → 두들겨 보고 건너라

🌸 아무리 쉬운 일이라도 소홀히 하지 말고 신중하라는 뜻. → 아는 길도 → 물어 가랬다

🌸 일의 순서도 모르고 급하게 덤빈다는 뜻. → 우물에 가 → 숭늉 찾는다

★ㅇㄱ: 아기, 얼굴, 안경, 영국, 인간, 야구, 약국, 일기, 연극, 임금, 악기, 안개 등

★수수께끼 답: 선생님, 사과, 그림자, 공기, 줄다리기, 무지개, 눈사람, 고드름

🚩 꽁냥이의 쓰기 놀이터

안 되요 → **안 돼요** · 안 됀다니 → **안 된다니**

곰곰히 → **곰곰이** · 덥여 → **덮여** · 안은가 → **않은가**

이러케 → **이렇게** · 달마서 → **닮아서**

썪어 버리기 → **썩어 버리기** · 재일 → **제일**

딲는 → **닦는**

13번째 방

지도TIP 상상만 해도 재밌고 말도 안 되는 꿈속의 선생님입니다. 아마도 아이들이 대답을 더 잘 찾을 거예요. 평소에도 가끔 아이들에게 반대로 말씀해 보세요. 바른 생활 우리 어린이들이 더 잘 해낼 테니까요.

14번째 방

지도TIP 주제가 없이 많은 낱말을 쓰게끔 하는 '두 글자 초성 퀴즈'는 두세 개를 쓰고 나면 막힐 수 있습니다. 그럴 때 힌트를 주시거나 국어사전을 함께 찾아보면 더 좋습니다. 사전의 기능을 알게 되는 것은 물론 해당하는 낱말이 아니라도 새로운 낱말에 관심을 가지게 되기 때문입니다.

★ㅎㄱ: 학교, 한강, 한국, 한글, 화가, 향기, 황금, 학급, 헬기, 해골, 환갑, 현관 등

★ㄱㅈ: 글자, 국자, 기자, 과자, 공주, 가족, 가지, 감자, 간장, 거지, 교재, 기적 등

★ㅅㄱ: 사과, 수국, 시계, 세계, 수고, 시간, 소금, 식구, 선거, 생각, 손금, 산골 등

15번째 방

지도TIP 아이들이 '어린이 동시집'을 보거나 노래 가사의 형태가 동시임을 알면 동시를 쓰는 것이 훨씬 수월합니다. 즉, 동시는 개인적인 생각이나 느낌을 쓰지만 일기나 독후감과는 형태가 다르기 때문에 종결어미(한 문장을 종결하는 마지막 말. ~이구나!, ~이다 등)를 맞추거나 흉내 내는 말을 일괄적으로 써 보는 등의 팁을 제공하면 좋겠습니다.

학교를 구하라!

1번째 방

지도TIP 식당뿐만 아니라 모든 공공시설에서 지켜야 할 예절과 감사 인사하기를 정확히 짚고 넘어가는 시간이 되었으면 합니다. 아이들이 충분히 이해할 수 있도록 입장 바꿔 생각해 보기, 지키지 않았을 때 일어날 수 있는 상황을 이야기해 주어 아이들 스스로 납득할 수 있어야 합니다.

2번째 방

지도TIP '말허리 잇기'는 기본이 세 글자로 된 낱말로 연결돼야 하기 때문에 결코 쉽지 않습니다. 그러니 아이들이 막힐 때는 살짝 힌트를 주세요. 이 활동 역시 맞춤법에 크게 신경 쓰지 말고 진행하세요.

★ 지'우'개 → 우주선 → 주전자 → 전화기 → 화장품 → 장학금 → 학생증 → 생일날 → 일요일 → 요리사 → 리어카 → 어머니 → 머플러 → 플러그 → 러시아 → 시리즈 → …

꽁냥이의 마술 놀이터 1
- **교과서:** 국어, 국어 활동, 수학, 수학 익힘책, 안전한 생활
- **책:** 동화책, 그림책, 만화책, 위인전, 사전

꽁냥이의 마술 놀이터 2
- 안-밖 / 많다-적다 / 덥다-춥다 / 가로-세로 더하기-빼기 / 밀다-당기다 / 빠르다-느리다 뜨겁다-차갑다 / 가볍다-무겁다 / 올라가다-내려가다

3번째 방

지도TIP 아이들과 놀이공원이나 멋진 정원에 갔던 기억을 떠올리며 활동해 보세요. 얼토당토않은 이야기가 나올지라도 미래에는 가능할 수도 있으니 마음껏 표현하도록 응원해 주세요.

4번째 방

지도TIP '말 덧붙이기 놀이'는 혼자서 글로 쓰는 것보다 상대를 두고 대화하듯, 게임하듯 말로 이어가는 것이 훨씬 더 재미있습니다. 이 놀이를 잘하려면 먼저 주제에 맞는 낱말을 많이 알아야 하고, 앞 사람이 말한 것을 잘 기억해야 합니다. 기억력과 연상능력을 향상시켜 주는 말 덧붙이기 놀이를 아이들과 정겹게 자주 해 보세요.

꽁냥이의 낚시 놀이터
- **위인 이름:** 이순신, 세종대왕, 안중근, 방정환, 김구, 간디, 링컨, 파브르, 노벨, 베토벤

5번째 방

지도TIP 아이들이 자신의 장점과 단점을 쓰는 활동에서 어른들은 아이들의 단점을 말하고 싶겠지만 꾹 참으시고, 장점을 부각해서 말씀해 주세요. 아이들 스스로도 본인이 부족한 점은 잘 알고 있습니다. 근거 없이 칭찬할 필요도 없으나 의기소침하게 만들 필요는 더더욱 없으니까요.

6번째 방

지도TIP 우리말은 예쁘고, 정겹기도 하며 그 어느 나라 말도 흉내 낼 수 없게 표현이 풍부해서 우리에게 자부심을 느끼게 해 줍니다. 바람 이름뿐만 아니라 평소에도 순 우리말에 관심을 가지고 사용하면 좋겠습니다.

꽁냥이의 블록 놀이터 1

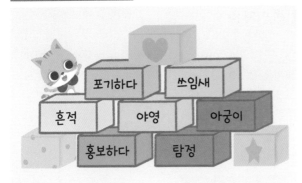

꽁냥이의 블록 놀이터 2

① 다르다 ② 틀리다 ③ 맞히다 ④ 맞추다 ⑤ 붙이다
⑥ 부치다 ⑦ 시키다 ⑧ 식히다 ⑨ 젓다 ⑩ 젖다

7번째 방

지도TIP 도형이나 기호, 그림 등을 통해 자신의 생각을 체계화하고 기억력과 이해력을 키우는 시각적 사고 방법을 '비주얼 씽킹(visual thinking)'이라고 합니다. 도형의 이미지를 보면서 어떤 것이 떠오르는지 자유롭게 표현하도록 하고, 이것을 아이들이 새롭게 그림으로 완성한다면 사고력을 키울 수 있답니다.

8번째 방

지도TIP 찾아야 할 그림을 먼저 살펴보고 큰 그림을 꼼꼼히 살피면 숨은 그림을 쉽게 찾을 수 있답니다. 아이들과 함께 찾아보세요.

꽁냥이의 개울 놀이터

🐾 부엌 → 설거지 → 세척기 → 냄비 → 프라이팬 → 솥단지 → 그릇 → 숟가락 → 젓가락 → 뒤집개

9번째 방

지도TIP 어떤 학교에서는 이미 로봇이 있는 교실이 운영되고 있기도 합니다. 아이들이 생각하는데 혹시 어려움이 있으면 미래 사회가 나오는 어린이 애니메이션을 예로 들어 이야기해 주면 좋겠습니다. 한 가지 아이디어로 물꼬가 트이면 나름대로 신나게 설계할 것입니다.

10번째 방

지도TIP 전래동화와 전래동요는 예로부터 내려오는 이야기로 우리 민족의 고유한 정서가 담겨 있습니다. 하지만 말이 조금 어려울 수 있으니 단어들을 쉽게 풀어서 이야기해 주시는 것이 필요합니다. 또 요즘 아이들의 말로 바꿔보는 놀이도 아이들이 재미있어 합니다. 상상력을 약간만 추가하면 훌륭한 작품이 되니까요.

꽁냥이의 퀴즈 놀이터 1

꽁냥이의 퀴즈 놀이터 2

● 도넛-가락지빵 / 로션-살결물 / 무지개-색동다리
  어묵-물고기떡 / 볶음밥-기름밥 / 도시락-곽밥
  채소-남새 / 볼펜-원주필 / 염색약-머리물감
  아이스크림-에스키모

11번째 방

지도TIP 위인의 이야기는 직업과 연결해 보면 좋습니다. 위인이 어떤 직업을 어떻게 갖게 되었으며, 어떤 노력을 하였는지를 살펴보고, 내가 이다음에 커서 그 직업을 갖게 되었을 때를 상상하게 해 보는 것도 위인전을 읽는 방법 중 하나입니다.

12번째 방

지도TIP 먼저 아이들과 각 동물들의 특성을 이야기해 보세요. 엉뚱한 고민이기는 하지만 해결 방법이나 충고하고 싶은 말을 여러 가지로 생각해 본 후 가장 마음에 드는 방안을 진지하게 적도록 합니다.

꽁냥이의 퍼즐 놀이터

● 몸집이 작은 사람이 큰 사람보다 재주가 뛰어나고 야무지다는 뜻. → 작은 고추가 → 더 맵다

● 아무리 어려운 일이라도 해결할 방법이 있다는 뜻. → 하늘이 무너져도 → 솟아날 구멍이 있다

● 힘들고 어려운 처지에 있는 사람에게도 좋은 날이 온다는 뜻. → 쥐구멍에도 → 볕 들 날 있다

● 어려운 환경에서도 훌륭한 사람이 나온다는 뜻. → 개천에서 → 용 난다

● 무슨 일이든지 준비가 되어 있어야 결과를 얻을 수 있다는 뜻. → 거미도 줄을 쳐야 → 벌레를 잡는다

● 방해가 되는 일이 있더라도 할 일은 해야 한다는 뜻. → 구더기 무서워 → 장 못 담글까

● 아무리 별 볼 일 없는 사람도 한 가지 재주는 있다는 뜻. → 굼벵이도 구르는 → 재주가 있다

13번째 방

지도TIP 아이들이 예전의 일을 기억하기는 쉽지 않습니다. 사진을 보며 기억하는 방법이 제일 좋고, 아니면 어른들이 아이들의 아기 때 이야기를 들려주셔도 좋습니다. '성장 흐름표'를 작성하다 보면 의외로 특별한 기억들이 떠오르기도 하지요. 우리 아이들의 미래 모습에는 아낌없이 응원해 주세요.

14번째 방

지도TIP 학교의 특별실 같은 경우는 학교마다 이름이 약간 다를 수 있습니다. 그래서 모를 수도 있으니 힌트를 주는 것이 좋겠습니다. '알쏭달쏭 떡 이름' 맞추기는 평소에 자주 접하지 못하는 떡도 있고, 떡의 특성과는 아무 상관없이 이름만으로 맞추는 것이니 난센스 퀴즈로 재미있게 접하면 됩니다.

- ⚙ **교실에 있는 물건:** 칠판, 의자, 책상, 시계, 컴퓨터
- ⚙ **학교에 있는 특별한 교실:** 과학실, 급식실, 도서관, 음악실, 보건실
- ⚙ **떡 이름 답:** 바람떡, 쑥떡, 무지개떡, 골무떡, 가래떡, 인절미, 달떡, 개떡, 꿀떡, 백설기

꽁냥이의 쓰기 놀이터

음식 제료 → **음식 재료** · 깨끄시 → **깨끗이**

깍뚝썰기를 → **깍둑썰기를** · 뽁다가 → **볶다가**

끌인 후 → **끓인 후** · 맞힌다 → **맞춘다** · 젗고 → **젓고**

주이사항 → **주의사항** · 완전이 → **완전히**

제료는 → **재료는**

15번째 방

지도TIP '마인드 맵'은 정보를 읽고, 분석하고, 체계화하며 이미지화하기 때문에 효과적인 학습 도구입니다. 주제에 맞게 잘 정리해서 쓸 수 있도록 지도해 주세요. 그리고 '동시 쓰기'는 어려운 것이 아니라 자신의 생각과 느낌을 좀 짧게 표현하는 활동입니다. 아이들이 쉽게 접근하고, 성취감을 느낄 수 있도록 격려해 주세요.